车轮向前

“汽车城”底特律的文明与变迁

Wheel Forth

Civilization and Evolution of Motown Detroit

[美]
陈玉宝
著

DETROIT

中国工人出版社

序

两种乡愁，一服解药

乡愁，新华字典里的解释是思念家乡的忧愁心情。为什么思念家乡就有忧愁心情？思念家乡时，不应该是嘴角不经意流露出一抹微笑吗？我想，乡愁问归结起来大概有显性的和隐性的两种。

显性的乡愁就是游子离开家乡不得归的无奈。不得归，不外乎政治、经济或者地理环境导致的阻隔。政治的原因最典型的表现就是余光中写的《乡愁四韵》；经济或地理的原因，某种意义上就像本书作者陈玉宝教授20世纪80年代远渡重洋来到北美一样，当年来回一趟不那么容易，现在虽然容易了，但是因为根已经生在底特律，所以对作为出发之地的故乡，经常就只能遥望。

隐性的乡愁就是对岁月流逝、物是人非甚至物不是人也非的忧伤。人们总是觉得当年出发之时之地那么美好，而那往往是我们童年时期或者年轻时期留下的回忆，所以多年之后即使功成名就，也非常眷恋往日的美好。这种乡愁，不是简单的对家乡的感情和思念，而是对青春、对生命眷恋的情感状态，这更是人类共同而永恒的情感。

陈玉宝教授的这本书透露出的就是这两种乡愁，更多是第二种乡愁。而他的第二种乡愁还兼有对往日美好的追忆和感叹年华逝去不复返的惋惜。

生于姑苏水乡、长在秦岭山脉的陈玉宝，1978 年乘着“文化大革命”后拨乱反正的春风考上了西安交通大学无线电专用机械设备专业；4 年之后，来到大洋彼岸的美国威斯康星大学麦迪森分校攻读博士学位；又 4 年后，前往密歇根大学做博士后，后在密歇根大学迪尔本分校工作至今。

底特律是陈玉宝教授名副其实的第二故乡。他说，“汽车城”所在的密歇根州有五大淡水湖环抱，还有大小的湖泊星罗棋布，堪称水乡。不惑之年后，他在富饶美丽的诺斯威尔小城找到了一座临湖的居所，房后的这片水面给他带来了无限的慰藉。尤其是在落日余晖中的夏夜，坐在临湖的阳台上，泡一杯家乡的碧螺春，看水中划过的小船和湖上的倒影，恍若时光倒流，抚平了自己多少浓浓淡淡的乡愁。

这种乡愁在本书中体现的是对第二故乡底特律的一种情感抒发。在他眼里的底特律是一座既有深厚科技底蕴，也有丰富人文情怀的城市。他以充满感情和哲思的笔触写庄园、道路、大厦、博物馆、经典车型等。这仿佛也是陈玉宝教授的自我写照。他虽然是理工男，但富有文科男的细腻情感。1975 年高中毕业等待上山下乡，感到前途迷茫、无所事事时，他从宝鸡市文化宫美术组安正中老师处学画画，安老师给了他艺术上的启蒙。这种对江南才子的启蒙，在我看来恐怕也是他在业余时间探索“汽车城”底特律、写下这本书中那些文章的重要原因。

那么，为什么陈玉宝教授对底特律生出了一种乡愁？

一方面，他确实将底特律当作了第二故乡。华人世界总有一种朴素的情感，就是落叶归根，无论身在天涯海角，祖国总是心的方向。陈玉宝也概莫能外。但同时，他还有着比落地生根更为博大的精神特质。这可能并非与生俱来的，而是他在成长过程中慢慢发酵的结果。

初到美国时，有一首歌深深地打动了他——那首 1985 年为非洲灾民募捐的公益合唱歌曲《四海一家》。几十年来，这首歌一直陪伴着他，他说这是他心中最好的歌曲，而这首歌曲的作者之一——迈克尔·杰克逊，也是他此生遇到的最伟大的歌手。2019 年初，在看完音乐电影《波希米亚狂想曲》之后，有感于当今世界严重撕裂的局面，更怀念那个大爱普照、四海一家的 20 世纪 80 年代，他写下了《四海一家》的随想。

另一方面，他对底特律的今昔变化产生了一种深深的失落感以及由此而来的新期望。

不光有汽车工业，底特律更是一座引领美国近代大工业革命的历史名城，还留下了许多文化和历史的印记。陈玉宝教授在书里主要记录了这些文化和历史印记，当然更记录了他对昔日的赞扬、对现实的伤怀。

我们很多人总是喜欢将过去的辉煌、遗失的文明凝练成一个个历史的实物、一座座建筑的奇迹，陈玉宝教授也不例外。但他还是努力跳出其中，希望能够发掘出对于成就辉煌、缔造文明的原因的认知。这实际上比那些实体的遗迹、宏伟的建筑更加深刻，因为这种认知具有极强的历史穿透力。他渴望底特律的人们能够拥有老福特那种伟大的理想，他反思工业的进步到底给我们带来了什么。

底特律位于大湖区连接伊利湖和休伦湖的底特律河畔，最早出现于17世纪的英法战争期间。18世纪之后，由于占据五大湖水路的战略地位以及拥有丰富的淡水资源，底特律吸引了大量移民从纽约、波士顿等东海岸地区来到这里，带来了空前的科技和商业机会，很快便成为美国新兴的枢纽城市。

随着航运、造船以及制造业的兴起，底特律逐渐成为美国的制造业中心。尤其是19世纪末，当亨利·福特在底特律成功开发出那辆历史性的四轮动力车之后，汽车工业的曙光便从底特律开始显现。

随后，数百家汽车公司在美国如雨后春笋般涌现。这些汽车公司绝大多数聚集在底特律地区，开始了汽车工业群雄突起、逐鹿底特律的局面，使底特律独占美国汽车工业的鳌头。鼎盛时期，美国90%以上的汽车产于底特律。底特律是美国第一个电气化城市，也是美国第一条高速公路的诞生之地。更重要的是，当年底特律的两位巨人——爱迪生和福特，正是从这里开始，引领了人类社会进程中最为壮观的大工业革命，使底特律成为一座工业革命之城。

底特律不仅有底特律市，还包括其周围大大小小60多座城镇，所以底特律被统称为底特律大都会，是美国的第六大都会城市。但是，20世纪60年代中期，种族矛盾引起的一场骚乱对底特律造成了极大的破坏，使大量人口搬离市区，向郊区转移，带动了周边城镇的经济活力，形成了城市中心衰退和周边卫星城市欣欣向荣的鲜明对照局面。到了2013年，底特律市终于不堪财务重负，宣布破产。

福特汽车公司在底特律拥有极其重要的地位，美国汽车工业将福特汽车公司成立的1903年定为美国汽车工业元年，这也是陈玉宝教授在本书中将笔墨更多地给予福特汽车公司的重要原因。他记录了福特家族对于汽车工业和城市发展以及艺术收藏的贡献，并对福特努力建设和复兴底特律给予极大褒扬。

20世纪60年代中期，底特律走向衰落；70年代，福特汽车公司提供初始资金建设复兴大厦。而今，在全球汽车产业向新汽车时代迈进的过程中，“汽车城”底特律已经逐渐成为落伍的象征。2018年以来，福特汽车公司开始重振底特律地区的历史地标——密歇根中央火车站，投资3.5亿美元建设120万平方英尺（约11万平方米）的创新和移动园区，竭尽全力跟上时代的步伐。2022年6月，福特汽车公司甚至向美国专利商标局申请了密歇根中央火车站商标。

陈玉宝教授期望底特律以一个工业革命新兴之城的崭新姿态挺立在第四次工业革命的大潮中。在我看来，这是美好的希望。美国西部的硅谷日益取代底特律成为新汽车产业的“发动机”，底特律的北美车展日益让位给了拉斯韦加斯的国际消费类电子产品展览会，特斯拉的总部已经挺立在得克萨斯州的奥斯汀，而发源于底特律的美国三大汽车公司虽然是不死之鸟，但都历经风霜，不再有往日辉煌。一个时代有一个时代的企业，所以底特律逐渐不在舞台中央也是历史的必然，我们不必哀叹，但是对于将"汽车城"作为第二故乡的陈玉宝教授来说，这就是其浓重乡愁的来源。

这实际不是一己的小情小怀，而是我们每一个身处在某个坐标之上的人都需要思考的问题。兴亡本是平常事，但对为什么兴、为什么亡，我们总要进行思考，而不是认为一切都理所当然。

20世纪90年代，曹德旺偶然来到福特博物馆。他可不是普通的看客，虽然那时他还只是做汽车维修玻璃的小玩家。但玻璃大王不愧是玻璃大王，他在这里发现了未来的机会。他认为，既然这里展示的是美国的工业历史，就应该去找出中国的工业和经济与美国的有多大差距，看看在同样的历史时期，中国在做什么。他把福特博物馆里的各项经济指标作为标尺来衡量中国经济，分析美国为转型做了哪些事。他在福特博物馆里看到，传统工业是当时的排头兵，钢铁、PPG玻璃、家电玻璃都是在这个时期涌现出来的，而且现在仍然没有过时。于是，他坚定地选择了汽车玻璃。现在，我们应该从底特律的变迁里发现什么？这恐怕是本书从另外一个角度给我们提出的问题。

因为体例原因，陈玉宝教授在这本书中并没用太多笔墨提及对于重重关山之外的故土的乡愁，但这种乡愁显然作为人类的共同情感也是难以遏制的。他实际上也写过诸多文章，比如《妈妈永在》《坐火车吧》《安老师》《渭中记忆》《教授们的教授》和《师母》。本书能够体现这部分乡愁的主要是《教授们的教授》和《密歇根大学巡礼》。

陈玉宝教授当年来到威斯康星大学麦迪森分校之后，师从制造工程大师吴贤铭教授。吴教授毕业于上海交通大学，数年砥砺耕耘，成就卓著，成为国际制造工程界公认的大师。他治学严谨、诲人不倦，一生共培养出 100 多位制造工程博士以及众多的硕士和博士后。这些学生遍布世界各地，活跃于制造工程的各个领域，其中的很多人颇有建树。目前，在北美各大院校从事制造工程研究的专家、学者有近 1/4 可溯源于吴教授。我曾经造访过陈玉宝教授家，他家里的一张中式大圆饭桌就继承自吴贤铭教授。

中国近代史上有许多杰出人物曾经在密歇根大学求学。1961 年，密歇根大学成立了中国研究中心，聚集和培养了一批关注中国、了解中国的专家和学者，积极参与了推动中美关系正常化的整个过程。1973 年，密歇根大学孟旦教授率领美国最早的一个教育工作者代表团访问了中国。21 世纪以来，密歇根大学进一步加强了和中国大学的合作关系。2005 年，密歇根大学妇女研究所和复旦大学历史系合作在复旦成立了妇女研究中心。2006 年，密歇根大学与上海交通大学合作建立了上海交通大学密歇根学院。2010 年，北京大学医学部和密歇根大学医学院联合成立临床与转化医学联合研究所。在陈玉宝教授的笔触中，他深深地希望落叶归根的祖国和落地生根的美国能够一如既往，紧密合作，共同开拓未来。

但是，我还是能够强烈地感受到陈玉宝教授内心深处的一种不安，这种不安就是我所说的挥之不去的乡愁。而排解这种乡愁的唯一办法就是诉诸文字。他说："文字是个好东西，它可以将经历和体验表达出来，和人们分享，也可以将思考和感悟记录下来继续回味。不管是岁月静好，还是世事蹉跎；无论是心旷神怡，还是愁肠百结，写作的过程都是一个自我交流和提升的过程，可以将你带到平时思绪达不到的地方。是愁肠，它能为你开解；是心旷，它能给你带来更多的神怡。"

这本书不仅是陈玉宝教授排解愁肠的结果，恐怕也是我们很多人面对乡愁的一服最好的解药。

《汽车商业评论》杂志总编辑

自序

感受科技与人文的跨界之美

一

“跨界”是《汽车商业评论》杂志的一个专栏，本书中的多数文章均出自这个专栏。

跨界并不是一个陌生的词汇。近年来，跨界的话题和实践层出不穷。从经济的角度来看，跨界是指特定行业突破原有的常规和形式，通过与其他行业的理念或技术相结合，从而创造出一种或多种新经济形式的行为。跨界作为行业的一种创新手段，有效地推动了经济的发展。

在社会文化中，跨界现象也屡见不鲜，已然成为一种趋势和时尚。文学、美术、电影、音乐等传统艺术领域的界限越来越模糊，各种艺术形式的跨界融合，创造出了一系列新颖独特的艺术作品，受到大众的关注和喜爱。

不同领域的跨界也在发生。20 多年前，著名画家吴冠中先生与诺贝尔物理学奖获得者李政道先生联手组织的"艺术与科学国际作品展暨学术研讨会"在中国美术馆隆重推出，打破了人们认为科学与艺术相分离的传统观念。

事实上，跨界不仅是发生在不同行业或不同领域的现象，更应该是一种创新思维、一种观念、一种对生活的态度。运用跨界思维，可以发掘生活中不同事物之间的相似或互补之处，并加以融会贯通，从而创造出更广阔的想象空间和更丰富的精神世界。

二

美国"汽车城"底特律是一个非常独特的城市。它曾是举世瞩目的工业革命之城，也是美国历史上最大的破产城市。外界对底特律的一般印象是冰冷的汽车和破旧的市容。在过去的 30 多年中，我一直工作和生活在大底特律地区，有充分的时间来观察和体验这座城市。我所看到的底特律，是一座既有深厚科技底蕴，又有丰富人文情怀的城市，很值得去发掘和探索。

底特律孕育了推动人类社会文明进程的两位巨人——托马斯·爱迪生和亨利·福特。20 世纪初，两位巨人正是从底特律起步，以一系列科学与技术的创新，拉开了人类历史上大工业时代的帷幕，底特律因此成为工业革命之城。这座城市为美国的经济发展装上了轮子，推动了美国在 20 世纪的崛起。

底特律位于北美五大湖区域，自然条件得天独厚。在历史上，底特律有许多辉煌的时刻——它曾独占工业革命的鳌头，享有"北美的巴黎"的美誉，是第二次世界大战时期"民主国家的兵工厂”，也是世界上独一无二的“汽车城”。底特律的历史是美国工业发展过程的一个重要缩影：工业社会的各种成就曾在这里大放光彩，工业化所带来的各种矛盾也给这座城市带来了极大的破坏。大工业革命最好的时光和最坏的岁月都在这里留下了深远的痕迹。

打开底特律的历史画卷，无论是工业革命的创新实践，还是人文历史的进步篇章，都留下了浓墨重彩的一笔：从浩瀚缥缈的大湖，到底特律河上的美丽小岛；从福特汽车公司机声轰隆的鲁日工业城，到亦工亦农的乡村工厂；从印第安人背井离乡的苍凉背影，到地下铁路上逃奴的踉跄脚步；从福特汽车公司扬名立万的T型车，到密歇根大学的无人驾驶技术；从现代化城市的高楼大厦，到阡陌交通的广袤原野……这里有许多历史值得去追溯，有许多可歌可泣的故事值得去倾听。这座城市就像是一个集自然、科技、历史、文化于一体的宝藏，可以挖掘出丰富的科技与人文的跨界之美。

三

科技与人文的跨界之美还要从美的本身来探讨和体验。美是具象的，也是抽象的，是人们的心灵对外界自然事物或社会形态的一种愉悦反应和精神满足的感受。无论是大自然的赐予，还是科技的创造，在人们的社会生活中，处处都可以获得美的感受。跨界产生美，美是跨界的精髓。

我每天上班驶过的路是一条穿过自然保护区的公园路。这里不仅四季如画，还承载了底特律汽车工业发展的沧桑以及印第安人和黑奴的沉重历史。这条路上有一座珍藏着的南京磨坊——老福特在这里放飞了工业伊甸园的梦想，地下铁路的史实在这里展示出了人类大爱的精神之光。走在这条路上同这些珍贵的历史片段碰撞，我常常会产生深深的感动。我每天的上班之路，就是一个与美相伴、与大自然和历史交流的文化之旅。

美国的汽车文化是伴随着美国汽车工业的发展而逐渐形成的。它将美国早期牛仔文化中自由奔放的精神发扬光大，同时融进敬畏规则和崇尚科技进步的现代元素，成为美国当代文化中的重要组成部分。要想体验和了解美国的汽车文化，底特律市郊的福特博物馆和福特绿野村是极好的去处。这是福特和爱迪生几十年努力的结晶，见证了科技是如何推动社会进步的。

福特博物馆不仅展示着从蒸汽机时代到信息时代的工业革命进程，还用丰富的史料生动地还原了美国走向自由和公正的艰苦历程。这里充满了科技与人文相互交融的风采。

福特绿野村是由 100 多座珍贵的原始建筑组成的一个美丽村落。它完整、具体地呈现出了美国 18 世纪以来的科技发展和社会生活的各种场景。这里汇集了爱迪生的电灯实验室、莱特兄弟的故居和福特的老宅，将近代人类社会三个伟大发明者的遗迹放在了一处。走到村中，你会看到一片绿野葱茏的乡村景色，里面有流水淙淙的磨坊、各种 20 世纪的手工作坊以及热闹的街道。远处教堂高高的塔尖映着蓝天白云，还有饱含荷兰风情的大风车在徐徐转动。山坡下的河面上停靠着一艘精致的蒸汽轮船，村中驶过机声轰隆的蒸汽火车和轻便灵活的T型车。村中有林肯总统常去的法庭、《韦氏英文大词典》编纂者的桌台、歌曲《哦！苏珊娜》作者的祖屋。来到这里，你从每一个角度看去都是一幅美丽的风景画，更是一个动人的历史画面。科技之美、人文之美都在这里生动地展示了出来。

底特律艺术博物馆的中央是一个壁画中庭，其墙上高大的壁画展现了底特律大工业生产的恢宏场面，史诗般再现了当年工业革命的磅礴气势。这座由墨西哥著名艺术家迭戈·里维拉完成的艺术中庭堪称大工业时代的旷世精品。它将作为第二次工业革命的历史印记被永久地保留下去，彰显着“汽车终将离去，艺术将会永存”的真谛。

工业巨人亨利·福特具有深厚的人文素养，他脚踏实地的风格和悲天悯人的情怀令人敬佩。在农庄长大的他是一位自然保护主义者，同时热爱音乐，擅长拉小提琴。他的庄园建筑朴实无华，与周围的一大片原始森林相得益彰，透出一种自然和谐之美。他的独生子爱德赛也热爱艺术。在繁重的工作之余，爱德赛积极参与“汽车城”的各项艺术活动，并对各项艺术公益活动慷慨捐助。爱德赛和爱妻正是由艺术而结缘，对艺术的追求和欣赏是他们生活的重要组成部分。他们为底特律留下了一座艺术之家——爱德赛·埃莉诺庄园。这座庄园体现了自然和艺术的完美结合。

有着200多年历史的密歇根大学是美国公立大学的先驱，无论对科技发展的促进，还是对社会生活的推动，都有许多杰出的贡献。来到密歇根大学，看到的不仅是尖端的科技和美丽的校园，还有深厚的历史底蕴。尤其是密歇根大学和中国的缘分源远流长，在历史的长河中曾激起无数美丽的浪花。来到这里，你可以近距离观察和了解这些珍贵的历史，尽情享受科技与人文之美。

四

美学大师李泽厚曾经说过，美作为感性与理性、形式与内容、真与善、合规律性与合目的性的统一，与人性一样，是人类历史的伟大成果。人历史性地生活在与他人共存的空间化的时间中，却让这些空间化的时间经验凝练成艺术，超时间而永恒存在。

这本书正是我对底特律的自然、工业、科技、人文和教育等多个方面观察的提炼和总结，希望读者能够从中感受到人文与科技的跨界之美，并能够产生一定的共鸣。若此，于愿足矣。

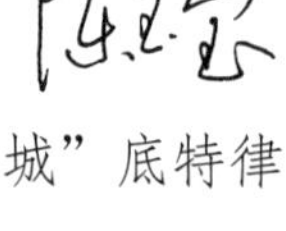

2023年3月于"汽车城"底特律

目录

走进福特博物馆

在美国旅游热点的版图上，位于底特律市郊的福特博物馆名列密歇根州热点之首。无论是当地居民还是四方来客，福特博物馆对于他们来说几乎都是必到之处，坊间早有“不到福特馆，枉进‘汽车城’”之说。

福特博物馆的创始人亨利·福特是推动美国汽车工业快速发展的巨人，也是第二次工业革命的先驱。福特博物馆是美国乃至世界上最大的汽车博物馆，但如果你以为福特博物馆只与汽车有关的话，那就错了。

事实上，当年老福特建立这座博物馆时，将其命名为爱迪生学院。他的初衷是保留那些反映美国工业发展和社会进步的珍贵历史文物，并以此来展示和传承曾经推动人类社会进步的科技与文化精髓。在博物馆的初始建设方案中，老福特曾提议将美国最重要的历史建筑——位于费城的独立大厦，整体移到迪尔本作为博物馆的主体建筑。当他意识到这是一个不可能的任务之后，仍坚持博物馆的整体造

参照费城独立大厦外形建造的福特博物馆

型要以独立大厦为蓝本。

今天我们看到的福特博物馆的外形正如那座宏伟庄严的独立大厦，而博物馆内部大厅却承袭了美国大工业时期超大型厂房的结构。因此，福特博物馆的建筑本身就是美国历史文化和工业进步完美结合的产物。

1931 年，在博物馆奠基仪式上，老福特专门邀请近代最伟大的发明家爱迪生和当时的美国总统胡佛前来剪彩。爱迪生还在博物馆门前专门安置的水泥板上留下了手印和脚印，它们作为一个伟大时代的开端印记被永久地保留了下来 。

今天，规模宏大的福特博物馆所展示的不仅是汽车发展的历史，更是美国近代发展史。这里珍藏着3000多万份历史文献和100多万件实物珍品，全面地展现了美国从农业社会走向工业强国的历史进程，还原了许多珍贵的历史瞬间。博物馆展厅分为自由公正、天空英雄、汽车走廊、总统座驾、美国制造、铁路雄风、时代生活、农机神话八大主题，集中体现了美国工业、科技、文化以及社会发展的生动历史和现实。

自由公正之路

福特博物馆的中心位置是有关美国历史的展区。走近这个展区，就能看到一幅醒目标题："自由公正，人皆应有"。

自400多年前清教徒从欧洲乘坐五月花号帆船踏上美洲大陆开始，崇尚个人自由和社会公正逐渐成为新大陆人民的共识，也是今天美国精神最重要的一部分。为了弘扬和传承这种精神，博物馆以珍贵的历史原件和音像材料生动地展示出美国这段可歌可泣的历史，以及走过的那段追求独立、自由、平等、公正的艰辛之路。在展区前端的玻璃框内有一本陈旧的小册子，名为《常识》。这本巴掌大小的小册子看起来像一本被翻阅过无数遍的小学课本。虽然它不是小学课本，但是它像小学课本那样，给了北美大地的广大民众关于独立、自由、平等、公正观念的初始启蒙。

回望美国历史，人们不难看到，在美国独立前的很长一段时间内，独立与自由的呼声只是极少数人微弱的呐喊。在那个时期，尽管新大陆人民对英皇室有很多不满，但大多数民众还是心甘情愿地做顺服的臣民。这时，一位来自英国的看似孅弱的知识分子——汤姆斯·派恩出现了。汤姆斯曾经做过裁缝和教师，来到北美新大陆之后从事印刷业。他并不是一个活跃的政治家，但他的信仰以及他对社会和命运的思索，让他深信独立、自由是天赋人权。他把这种信念写成了一本题为《常识》的小册子。在这本小册子中，他用极其通俗易懂的语言阐述了人人生而平等，有追求独立、自由权利的理念。他又以从事印刷业的便利条件，制作出这本价格低廉、便于携带的小册子。这本小册子一经面世就不胫而走，在平民百姓中广为流传。

看着玻璃框内已显破旧的小册子和电视机中滚动的画面，我仿佛看到了当年人们争相传阅这本小册子的情形。我仿佛看到独立、自由的思想在饭店、在酒吧、在农庄、在车站传播和扩散，终于形成星火燎原之势，唤醒了广大民众。正是这种源于草根的启蒙，催生了后来的华盛顿（此处指美国首任总统乔治·华盛顿）们高举旗帜，向英皇庄严地宣告：我们有独立、自由的权利！也是在这种独立、自由精神的感召之下，一大批华盛顿在英皇大兵压境时不屈不挠、前赴后继，迎来了美国的诞生。历史把机遇给了汤姆斯，他用一种特殊的方式发出了追求独立、自由的声音。他平静地向人们诉说一种伟大的理想和愿景，甚至美利坚合众国的名字也是出自他的笔下。原来美国今天独立、自由、平等、公正的思想和精神作为一种常识，早就被浓缩在了这本小小的册子中。

美国的开国元勋乔治·华盛顿的事迹已家喻户晓。印象中，我总是把他想象成一位高大威武的将军，但在福特博物馆看到他当年用过的行军床却是如此短小，生活用具也很简陋。正是这个原本普普通通的华盛顿，却因领导和缔造了美国被后世传颂。作为农场主的后代，华盛顿本可以度过体面和安稳的一生，但在国家需要的时候，他挺身而出，担当起领导独立运动的重任，经过艰苦卓绝的 8 年独立战争建立了美利坚合众国。

在华盛顿展厅的一整面墙上镌刻着《人权法案》条文和一段令人深思的文字：美国所经历的这场独立战争不是为了建立一个新的政府来统治这个国家，而是为了达成这个庄严的《人权法案》，并以此作为建国的基石，以赋予和保护每一个公民神圣的自由权利，包括言论自由、新闻自由、宗教自由以及司法公平的权利。

1787 年，华盛顿主持制定了美国的《宪法》，其中《人权法案》作为立国最重要的基石被永久地确定了下来。现在，《人权法案》的一份原件就被珍藏在福特博物馆中。仔细端详原件上的那些简单又力透纸背的文字，端详那些签名的淡淡墨迹，仿佛可以感觉到美国当年那些开国元勋对追求自由的坚定、执着和义无反顾。再抬头看看，墙上清楚地写着帕特里克·亨利将军的那句名言："不自由毋宁死！"他们所追求的并不仅是少数人的自由，更是新大陆每一个人的自由，这正是华盛顿以及和他一起的开国元勋们的伟大之处。

但要实现每一个人的自由和平等并不像制定一部《宪法》那么简单。纵观美国历史，在走向平等、自由的路上，林肯总统是一座丰碑。他领导了为解放黑奴的南北战争，并取得了胜利，因而成为美国历史上唯一能够比肩华盛顿总统的伟人。

尽管人人生而平等已经写入《宪法》，但在很长一段时间内，在美国南方的广大土地上，只是白人生而平等，黑奴并没有自由。博物馆的墙上还贴着许多当年的报纸，上面赫然写着“优质黑奴出售”的大字，这些字竟然和出售农产品的广告并列在一起。

林肯总统对这种黑暗的奴隶制度深恶痛绝。他当选总统后不久，就毅然地向势力强大的南方奴隶主们提出了废除黑奴制度的挑战。在南方奴隶主声势浩大的武装对抗面前，林肯并没有退缩，而是领导人民在经历了无数的艰难和牺牲之后，终于取得了南北战争的胜利，颁布了《解放奴隶宣言》。

南北战争之后，林肯主持并正式签署了解放黑奴的《宪法》第13条修正案。这个修正案的原始副本珍藏在福特博物馆一个复制品的下方。移开上面的复制品，可以仔细端详原件上那包括林肯在内的26个签名。不幸的是，林肯总统也为此献出了宝贵的生命。胜利后的第6天，他在位于首府华盛顿的福特剧院看戏时，被南方势力的同情者刺杀身亡。

在博物馆展厅的一面橱窗里，展示着一把红色的丝绒摇椅，这正是林肯遇害时坐的那把椅子。这段伟大而沉痛的历史竟然和福特博物馆如此接近。这把椅子曾经作为证据被联邦政府收藏在国家档案馆中。几十年后，福特剧院的人经过法律程序将椅子收回。后来，一位古董商人将这把椅子买下。这位商人感动于福特对保护历史文物的虔诚之心，很快就将它捐献给了福特博物馆，使其成为博物馆珍贵的历史文物之一。

在这里，人们可以抚摸历史，感受过去。林肯遇害时的那把座椅并不宽大，椅面已经有些破损，露出了浅色的内里，像是透出一种沉痛和无奈。我努力地去想象林肯当时有着怎样的喜悦，又有怎样的担

林肯遇刺时坐的座椅

忧。林肯走了，带着“黑奴终于解放了”的成就走了。但是，黑人真的从此就解放了吗？

事实上，在林肯走后的很长一段时间内，美国社会的公平和正义远远没有实现。一直到 20 世纪 60 年代，美国妇女还不能投票，种族歧视也司空见惯。展区内有一间种族隔离时期的车站候车室，里面很明显地标明前面宽敞舒适的区域属于白人，而有色人种只能在后面简陋的角落里等车。还有标有“白人专用”的饮水池，甚至那张“禁止中国人入籍”的法律条文都展示在这里。那面沉静的墙壁上醒目地写着马丁·路德·金那句振聋发聩的话：我们在大是大非面前沉默之日，就是我们的生命终止之时！

有一位普通公民在大是大非面前没有沉默，她的名字被永远地载入美国民权史册，她就是罗莎·帕克斯。罗莎是一位黑人中年妇女，戴着一副眼镜，看上去很文静。1955 年 12 月 1 日注定成为她被载入美国史册的日子。那天，她下班回家，像往常一样坐上了蒙哥马利市的公共汽车。由于《种族隔离法》规定公共汽车前面 10 个座位是白人专区，后面 10 个座位是有色人种专区，而中间区域则是白人优先区，罗莎坐在了白人专区后面的第一排座位上，属于白人优先区。

到了下一站，有几个白人上车，他们依据《种族隔离法》要求罗莎和其他黑人让座。一些黑人乘客顺从地站到了后面，可具有民权意识的罗莎却坚持不让。司机于是招来警察将她逮捕，理由是她违反了《种族隔离法》。然而到了法庭，罗莎向《种族隔离法》发起了挑战。她有理、有力、有节的控诉被媒体广泛报道，在美国社会引起了轩然大波。

这个事件成为一个导火索，点燃了蒙哥马利市黑人抵制公共汽车的运动，并从这里向全国蔓延，终于迫使美国最高法院废除了《种族隔离法》。随后，在黑人牧师马丁·路德·金的带领下，美国的民权运动轰轰烈烈、风起云涌。他们以"非暴力，不合作"为原则，向一切不平等的法律（包括《选举法》《劳动法》等）发起挑战。1963 年，马丁·路德·金在华盛顿林肯纪念堂的台阶上发表的那篇著名的"我有一个梦想"的演讲，标志着美国民权社会的大门正在开启。当年罗莎乘坐的那辆公共汽车被命名为"罗莎·帕克斯之车"。这辆黄绿相间的老式公共汽车就像一座民权运动的里程碑，静静地被停放在福特博物馆内。

我登上这辆公共汽车，特意坐在了当年罗莎坐的那个位置，努力去感受当年的情景。这是一个普通得不能再普通的座位，但是美国的民权运动正是从这个普通的座位上起步的，走上了更高的一个台阶，而使所有非白裔族群（包括华裔）受益。

工业革命的走廊

在博物馆的一隅，有几座第一次工业革命时期的庞然大物耸立在那里，这是现今世界上保存的最早和最完整的一系列蒸汽机。这些带有瓦特基因的蒸汽机曾经为人类社会从农耕时代走向大工业时代作出了巨大的贡献。看着这些大而精巧的机械设计，不禁赞叹那时人们的聪明才智和创新精神。

随着蒸汽机从采矿业走向工厂，用于发电，其机身越来越小，结构也越来越精巧。在庞大的原始蒸汽机旁边，依次排列着由蒸汽机驱动的各类机器和发电机。而发电机的出现为蒸汽机提供了更广阔的应用和发展空间，也由此催生了大批量生产的现代工业生产模式，从而完成了第一次工业革命到第二次工业革命的过渡。从这里再向前走，可以看到电报、电话的演进。从贝尔最早发明的电话到第一代苹果手机，都展示在橱窗里。

走过博物馆这短短几十米的路程，就像穿越了工业革命几百年的历程。这里是一个动力和机械风云际会的世界、一个工业技术革命散发勃勃生机的天地。瓦特蒸汽机是第一次工业革命的标志，但瓦特并不是第一代蒸汽机的发明人。瓦特的贡献在于他对第一代纽科门蒸汽机做了改良，提出了革命性的冷凝器和汽缸分离技术，大大提高了运动效率，使蒸汽机可以在生产中真正发挥作用。1776 年，瓦特改良的第一批新型蒸汽机制造成功并被投入使用，从而迎来了第一次工业革命的曙光。

博物馆中陈列着瓦特的第一台实用型蒸汽机和现今存于世的最早的也是最大的蒸汽机。看着这些几十米高的庞然大物，我不敢相信它们只能做直线往复运动，仅仅用于矿井抽水。后来，瓦特发明了太阳和行星式曲柄传动系统，将直线往复运动转化为圆周运动，从而打开了蒸汽机工业应用的一扇大门，使蒸汽机成为大工业时代工厂的主要动力来源，大大推动了第一次工业革命的进程。

蒸汽机的发明也开启了人类交通史上的铁路新纪元。在瓦特蒸汽机出现半个世纪之后的 19 世纪 20 年代，世界上第一条蒸汽机车铁路线在英格兰诞生，将英国送到了工业国家的顶峰。

很多年前随父母西迁时，我常常会跟着父母在陇海铁路线上奔波。记得那时乘坐过的火车有蒸汽机车、内燃机车和电动机车，但我对早期的蒸汽火车头印象最深。高大的黑色火车头上有一排大大的红色车轮，在巨大的曲轴带动下，伴着呼呼的蒸汽四溢和一声高亢的汽笛声，火车哐当哐当地向前飞驰。那时，我以为火车头就是最大的传动机械了。但当我站在福特博物馆中一列巨型火车头和车厢面前，还是被深深地震撼了。这些早期的火车比我儿时看到的火车几乎大了一倍，看上去像是排山倒海般的庞然大物。其中一列是博得温公司在 1832 年制造的美国第一列火车。另外一列火车生产于 1941 年，长达 40 米，重 600 吨，能拖载 160 节运煤车厢，是人类历史上最大的火车。

正是铁路的建立，才改变了人们的出行方式，远方不再是遥不可及的。也正是贯通东西南北的铁路，成了支撑经济发展的大动脉，创造出了一个生机勃勃的北美新大陆。

汽车工业长廊

和铁路展区相邻的是汽车工业长廊。这里按照时间顺序依次陈列着不同时期具有代表性的汽车车型，展示出人类汽车出行技术和产品的演进过程。在汽车出行的方式面临革命性的改变之时，能够在这里直观地了解过去 100 多年来汽车的演变过程，非常有意义。

在汽车长廊的最前列展出的是目前世界上仅存的早期蒸汽动力汽车。紧随其后的是老福特制作的第一辆车——四轮车。随后排列着许许多多汽车发展史上赫赫有名的汽车，如福特的 T 型车、福特的林肯车、第一辆挂克莱斯勒车牌的汽车、通用最早期的雪弗兰汽车、最早的带电子打火器的汽车、最早的 8V 发动机以及在美国生产的第一批本田雅阁车等。

在农庄长大的亨利·福特很早就展现出非凡的机械天赋。他从小对机械着迷，家里有限的机械物品，如钟表、农机等，都成了他手中的玩物，常常被他拆了装、装了拆。那时，家中的大姐对小福特很是头痛，因为她得到的礼物若是被小福特看到了，常常一会儿就会身首异处、七零八落。

相邻的农庄主买来了一台当时最先进的农机，却不知如何使用，找到了年仅 19 岁的福特。福特三下五除二就将这台农机搞定，俨然一位农机专家。当功成名就之后，福特不忘这个带他进入机械领域的"大功臣"，想方设法将这台农机买了下来，恭恭敬敬地把它放在了博物馆中农机展区的最前列。

福特长大了。父母知道农庄是留不住这个志在四方、痴迷机械的孩子的，便十分伤心地任由他驾着马车，到正在兴起的底特律闯世界。

历史的机遇总是在偶然和必然之中徘徊。这位从农庄里走出来的准农民工在底特律遇见了发明家爱迪生。谁说这不是偶然中的必然呢？谁说这不是近代工业发展史上甚至人类社会发展史上一个最伟大、最神奇的事件呢？在后来的近半个世纪中，人类工业进程和社会生活正是由于这两位巨人的搅动而发生了翻天覆地的变化。来到底特律之后，福特在爱迪生电气公司找到了一份工作。他凭借极高的机械悟性和不懈努力，很快成为公司的总机械师，从此与爱迪生成为终身的良师益友。

极具创新精神的亨利·福特注定不会停留在总机械师这个令人羡慕的位置上。在爱迪生的创新精神的感召之下，福特很快进入了发明创造的亢奋期。他首先想到的就是儿时曾对机械动力痴迷，在家动手制作了一台只有 4 马力的双缸汽油机。

有了这台动力机械，福特再接再厉，在屋后的一间储藏室里开始了他一生中最伟大的创新：制作一辆不需要马匹拉动的四轮车。埋头苦干数周之后，四轮车做好了。当时他是如此专注于造车，做好之后才发现门太小，车根本开不出去。但这根本难不倒兴奋的福特。他毫不犹豫地挥斧在门边凿出了一个大洞，从这里开出了四轮车，也开出

福特（左）与爱迪生（右）

了一个生机勃勃的汽车时代。

这辆曾在“汽车城”街道上第一次成功行驶的无马匹拉动四轮车，正稳稳当当地停在福特博物馆汽车长廊的前端，向人们诉说着老福特开创汽车事业的这段伟大历史。美国的第一家汽车公司是成立于1896年的杜里埃公司。可惜的是，杜里埃公司在生产了第一批13辆两缸6马力的轿车之后就倒闭了，其中仅存的1辆作为美国最早的汽车被珍藏在博物馆中。

进入20世纪之后，上百家大大小小的汽车公司在美国如雨后春笋般出现，其中便有成立于1903年的福特汽车公司。后来福特为何能在汽车产业激烈的竞争中脱颖而出、独占鳌头，而使美国汽车工业元年以福特汽车公司的成立为标志呢？原因只有一个：福特的T型车和它的生产方式。

在福特的认知中，发明和创新是两个不同的概念。发明可以是满足个人的好奇心，而创新则一定要以社会化大量应用为直接目的。他在尝试了豪华汽车的制造之后，领悟到汽车必须成为大众的交通工具，必须可靠、实用、价廉。

于是，从 1906 年开始，老福特带领一帮有经验的工程师，开始打造这款后来使他扬名立万的汽车——T 型车。1908 年，福特的 T 型车横空出世。这款车真正具备了可靠、实用、价廉的特性。它采用了很多当时的先进技术，如电磁点火系统、四汽缸一体引擎、半椭圆弹簧的非独立悬挂系统、行星齿轮传动等。它的设计巧妙而简单，还有很多用途。譬如，它有一种结构可以方便地把汽车的动力用作其他工作的动力源。即使如此，在当时只有售价 2000 美元以上的汽车的市场上，T 型车的售价仅为 825 美元，因而大卖，搅动了原有的汽车市场。

为了解决 T 型车在市场上供不应求的困境，福特将精力放在了生产模式的创新方面。他的一个工程师谈到了肉类加工的过程，使福特大受启发，大胆提出了用流水线生产汽车的想法。经过工程师们的仔细分析，大家一致认为可行。福特立即花巨资在底特律北边的高地公园市建成了规模宏大的汽车流水线工厂。1910 年，福特的这座里程碑式的工厂正式启动，隆重推出了革命性的大规模流水线生产方式，拉开了第二次工业革命的序幕。

这种大规模流水线生产方式将生产效率提高了数十倍。到了 1914 年，经过不断优化的福特高地公园工厂平均不到 1 分钟就有 1 辆汽车下线，平均每日生产汽车 4000 辆，超过了其他所有汽车公司

福特 T 型车的全部配件结构

日产量的总和。在那一年，福特的第1000万辆T型车下线。也是那一年，福特生产的汽车占据了全世界90%的汽车市场，在生产效率和市场占有率方面创造了汽车生产史上至今未能被超越的奇迹。

由于采用了大规模的流水线生产方式，T型车的生产成本大大降低，售价也降低到了290美元。这时，福特又大胆地将工人的工资大幅度提高，日工资一次性增加了一倍。这样他的工人也成了他的产品消费者。此举对美国社会发展的意义重大，为美国中产阶级的形成打下了基础。

所以，T型车的意义不仅在于推动了汽车工业的发展，更重要的是推动了整个社会的发展和进步。它使人们的日常生活和工作半径大大扩展，从根本上改变了人们的生活方式，对一个国家的经济发展产生了深远的影响。

史学家说，20世纪是福特为美国的经济装上了轮子，而这个轮子就装在了T型车上。今天，各种T型车遍布在博物馆内，其中包括那些从T型车衍生出的其他实用车辆，如校车、救护车、消防车等。博物馆内还有T型车的结构分解展示以及游客可以参与T型车拆解和组装的保留节目。

超豪华梦想

在福特大力发展面向广大平民的汽车的时候，意大利人埃托雷·布加迪却在纸醉金迷的法国致力于为少数富豪打造一款最昂贵的超豪华汽车——布加迪T41 Royale。

据说制造这款当时售价高达 70 万法郎的汽车缘起于一次晚宴。当一位英国女士向布加迪傲慢地宣称只有劳斯莱斯才称得上是豪华车时，他立即萌生要打造一款超过劳斯莱斯的顶级超豪华汽车的念头。

1926 年，他的这款 T41 Royale 诞生了。T41 Royale 甫一亮相就举世惊艳。其 6.5 米的超长车身、精美的外形、奢华的内饰以及硕大的铝制车轮，都展现出布加迪精湛的造型和制作技艺。尤其是那台纯手工制成的直列八缸发动机，使其时速最高可达 200 千米，而且其运行的平顺性和降噪程度都是当年的世界之最。它就像一尊极其精美的艺术品，堪称顶级汽车，令世人惊叹不已。

布加迪原计划生产 25 辆这款车，但由于当时经济衰退的大环境，最终只生产了 6 辆。这 6 辆车中真正卖出的只有 3 辆，剩下的 3 辆由布加迪家族藏匿在砖砌墙背后才躲过第二次世界大战的劫难而被保留了下来。幸运的是，这 6 辆超豪华汽车都得以传世：2 辆在法国国家汽车博物馆；1 辆被大众汽车收藏；1 辆被瑞士私人收藏；1 辆被加州的黑鹰汽车珍品公司收藏；而最具有传奇色彩的 1 辆 T41 Royale 目前就珍藏在福特博物馆中。

这辆生产于 1931 年的豪华车最早被一位德国富商约瑟夫・富赫斯博士所拥有。当纳粹希特勒上台之后，富赫斯博士带着这辆车去了瑞士避难。后来随着欧洲战火的蔓延，富赫斯博士又带着这辆车远涉重洋，辗转到了东方的巴黎——上海，使其浸染了一丝东方的风情。

可以想象，当年这辆豪车载着绅士佳人行驶在十里洋场，在“夜上海，夜上海”的靡靡之音中，是怎样的一种歌舞升平、风情万种的场景。但是，这辆车在上海的平安岁月没能坚持多久。1937 年日本大举侵略中国之后，富赫斯博士又不得不再次携车出走，先是到了加拿大，后来到了美国的纽约落脚。

随着第二次世界大战的加剧，人们对豪车的热情日益淡化。这辆车在经历了战争年代的颠沛流离之后，其身世渐渐被人遗忘，后来竟流落到了纽约的一家旧车市场。所幸的是，1943 年的一个偶然机会，通用别克汽车的总工程师查理斯·蔡恩看到了它，并果断地将其买下，才使它避免了被毁灭的厄运。第二次世界大战后的 1946 年，查理斯开始小心翼翼地修复这辆豪车，经历了各种努力后终于使它旧貌换新颜，重返豪车江湖。

10 年之后，蔡恩夫妇为了永久地保留这辆超豪华经典车和它的那些经历，慷慨地将它捐赠给了福特博物馆。如今，这辆有着传奇经历、饱含东西方风情的顶级豪车被静静地停放在博物馆中，与福特的那些平民汽车隔栏相望，成为馆中珍藏并常年展出的一道亮丽风景。

福特野马车

在汽车之旅的展厅中央，有 2 辆敞篷跑车在射灯的照耀下熠熠生辉。这就是福特的野马车，那辆在北美大地上奔腾了半个多世纪的野马车。

野马车诞生于 20 世纪 60 年代中期，那时正是美国新生代观念和传统观念激烈碰撞的变革时期。在传奇人物艾科卡带领下的福特公司顺应这种变革，适时地推出了这款集经典和现代于一体的运动车型。当第一款野马车于 1964 年 4 月在纽约世界博览会上亮相之后，在北美大地上刮起了一股股野马车旋风。从那时起，野马车经过了6代车型的变换，长盛不衰，售出近1000万辆，成为美国乃至世界上最畅销的家庭跑车。

野马车的出现，将美国以汽车为代表的主流文化带上了一个新的高度。因为这匹看似随意的“野马”准确地体现了美国的那种崇尚自由、勇于挑战的精神，演绎着美国汽车文化的精髓。它也成为北美大地上一款不可取代的经典运动车型，受到了大众和媒体的追捧。

正如《车迷世界》中所表达的那样：在美国，福特野马车是很多年轻人的梦想车，是被祖父收藏于车库里的记忆，是被父亲反复擦拭拆装的忠实伙伴，也是成年时收到的最惊喜的生日礼物。这是一台可以传给后代的车。2014年，美国著名纪录片导演大卫·贾伯在为纪念野马车诞生50周年拍的纪录片《更快的野马》中，更开宗明义地表明：每一个人都有一个关于野马车的故事。

本来福特汽车公司应该将第1辆下线的野马车作为历史保存下来，但是福特汽车公司有关部门竟然将它弄丢了。可以想象，当年的艾科卡是多么地恼火。后来经过一番仔细调查，终于找到了它的去处。原来在野马车巡展的过程中，一位加拿大的航空驾驶员史丹利·图克对它一见钟情，毫不犹豫地一掷千金，将其纳入囊中。

福特汽车公司立即找到史丹利，想以原价收回，但史丹利一口回绝。1年之后，福特汽车公司又向史丹利提出不仅全额退款，还补偿其1年的精心照料费用，同时赠给他同样有纪念意义的编号为1000001号的野马车，他才依依不舍地放马归山。

如今，这辆归山的野马车被珍藏在博物馆的聚光灯下。这辆车的

福特的第一辆野马车

前方挂的仍然是史丹利的加拿大牌照，以尊重其提出来的永久地保留个人印记的要求。

总统座驾

在博物馆一侧醒目的地方有一排加长的豪华轿车。这就是美国总统轿车之列，其中包括了大小罗斯福、杜鲁门、艾森豪威尔、肯尼迪、尼克松、里根等美国总统的座驾。

老罗斯福是跨入 20 世纪后美国的第一位总统。遗憾的是他没能赶上汽车驾驶的浪潮，所以他的座驾仍然是一辆装饰精美的马车，被静静地停放在总统轿车之列的前端，几分怀旧，几分落寞。

许多年之后，老罗斯福的落寞被他的侄子——富兰克林·罗斯福总统所驱散。小罗斯福的座驾是一辆福特加长 K 型林肯轿车，豪华而大气。这辆座驾陪着小罗斯福总统走过 4 届任期内 12 年的风风雨雨。尤其是在第二次世界大战期间，这款林肯轿车曾伴随小罗斯福总统远赴南非、卡塔尔，见证了同盟国战胜法西斯的光辉历程。也正是因为如此，小罗斯福总统的座驾有一个非常美丽的名字——阳光之殊。今天，这辆“阳光之殊”静静地停靠在福特博物馆靠窗的一面，每天在透过窗棂的灿烂阳光照射下，展示着往日的辉煌。

在这里最使人难忘和悲伤的是肯尼迪总统的座驾。这也是一辆加长的黑色林肯轿车，集现代气息和

肯尼迪总统遇刺时乘坐的林肯轿车

庄重于一身。1963年11月22日，肯尼迪总统就是在这辆敞篷轿车上遇刺身亡的。在车旁的一面墙上有一幅照片，展示出肯尼迪总统遇刺前一刻在达拉斯街头与人们一起欢呼的场景。

作为美国20世纪伟大的总统之一，肯尼迪在动荡的20世纪60年代顺应美国民权运动的要求，创建了多项保障民权的法案，并推动了阿波罗登月计划。正当他为美国社会带来无限希望的时候，生命却在这辆轿车上戛然而止。今天，几乎每个经历过肯尼迪总统遇刺的美国人都能清楚地告诉你在听到噩耗那一刻的情景。这辆林肯轿车所承载的历史瞬间被永久地凝固在了福特博物馆中，向人们诉说着美国曾经的欢快和不幸。

天空英雄

像莱特兄弟一样，福特也怀有翱翔蓝天的梦想。在T型车成功之后，福特开始了征服天空的尝试。为此，他在迪尔本修建了机场，兴建了美国历史上第一座机场豪华酒店——迪尔本酒店。福特开发和生产了三引擎飞机，并资助了人类第一次飞越北极的壮举。在第二次世界大战期间，福特的工厂里生产了大量的战斗机和运输机，为同盟国取得战争的胜利立下了不可磨灭的功劳。尽管后来福特并没有将航空业务进行下去，但他对征服天空的英雄怀有深深的敬意。

在博物馆有一片题为"天空英雄"的展区。这里陈列着美国航空史上各个阶段具有历史意义的飞机，包括莱特兄弟1903年首次飞行成功的飞机模型、福特三引擎飞机、各类飞行和表演用的大小飞机以及在航空史上占有空前地位的 DC-3 型飞机。也正是这款飞机的军用版 C-47 运输机曾经在第二次世界大战期间穿梭飞行在中国的驼峰航线，为中国抗日战争的胜利作出了不朽的贡献。它是名副其实的“天空英雄”。

1903 年 12 月 17 日是人类航空史上最重要的日子。那天，两位俄亥俄州的自行车技师——莱特兄弟来到了位于北卡罗来纳州的海边，带着那架装有四缸 12 马力发动机的飞机。在经过了多次失败之后，他们终于驾机腾空而起飞行了一段距离。尽管飞机在空中仅仅停留了 12 秒钟，飞行距离仅 120 英尺（约 36 米），但此举开启了人类飞天的序幕。

2003 年，一群美国的飞行员、工程师、技术人员以及飞行爱好者们自发倡议：精心复制一架莱特兄弟当年的飞机，并在他们首飞 100 年后的 12 月 17 日上午 10 时 35 分这个历史的时刻，再现莱特兄弟当年的飞行壮举。

这个倡议得到了福特汽车公司的大力支持。经过近一年的努力之后，复制的飞机终于完成了。这架复制的飞机非常忠于莱特兄弟当年的设计，在结构、材料、重量、制作方式等方面几乎和原机一模一样，甚至连覆盖在两翼的细棉布的支数都和原机相同。经过多次努力，终于在那个历史时刻还原了莱特兄弟当年试飞的情景。在试飞时，它也像当年一样扎进了泥水里。

现在，这架复制的莱特兄弟飞机平安地落在了福特博物馆中。飞机前面还醒目地标出了 120 英尺（约 36 米）的距离，让人们在丈量莱特兄弟曾经飞过的一小步的同时，回味人类飞行前进一大步的深远意义。

情怀与创新

当年亨利·福特建造这个“亨利的大棚”时，宗旨之一就是要保留美国生活和文化的历史，展示那些与一般民众息息相关的生活场景。博物馆忠实地贯彻了老福特的这个宗旨，所以除了汽车和工业展品，这里还有与人们日常生活紧密相连的物品，包括家具、炊具、餐具、衣服、电视、唱片、报纸、书籍、玩具等。从精美陶瓷和玻璃器皿，到大众所使用的锅碗瓢盆，这里应有尽有。

在“我们的时代”展区，按时间顺序展示了具有不同时代风格的起居室、卧室、客厅、教室等，生动地还原了具有鲜明时代特征的生活场景。不管你在哪个年龄段，来到这里都可以找到似曾相识的空间和场景，回味属于自己的那些往日情怀。

徜徉在福特博物馆里，行走在不同历史长廊中，回望那些令人难忘的生活场景，感受最深的还是无处不在的创新，以及那些科技改变人类生活的种种实例。

事实上，创新是贯穿福特博物馆的主线。这个主线不仅通过那些活生生的工业及生活实例来展示，还通过一系列活动和媒体手段向外传递。每年夏天的一个周末，这里都会举办一个盛大的实践发明者集市。那时，福特博物馆内外就成为实践发明者的天下。全美甚至世界各地的实践者们带着自己的发明装置来到这里，在爱迪生、莱特兄弟、老福特等发明者前辈的面前，进行交流和比赛。这些形形色色的实践者来自各行各业、各个年龄段。有中小学生，有大学生，有工人，有尖端实验室的科技人员，也有家庭妇女。尽管他们的背景不同，带来的装置各异，但都有一个共同的特点：朝气蓬勃，充满了创新的自信。一种创新的精神在这里碰撞和流淌，生生不息。

不仅如此，博物馆还和美国哥伦比亚电视台合作，以博物馆做实物场景，每周制作一期《创新之邦》的节目。这档赢得了艾美金像奖的电视节目每周六上午在电视台播出，将创新的思想传向四面八方。

走进福特博物馆，就好像走进了近代工业和社会生活的时光隧道。在这里，人们可以踏上自由公正之路，倾听黑奴低沉悲怆的呐喊；可以穿越工业革命的走廊，了解从蒸汽机到信息时代的演进；可以流连在汽车发展的时光里，回味从人力驾驶到无人驾驶的神奇；可以近距离欣赏农机神话，领略太空翱翔之梦；可以体验美国制造的精美，回望总统座驾的风采，领略大工业时代的雄伟。在那些精心准备的各个时期的生活物品和音乐的场景里，人们或许还能找到儿时的记忆，抒发往日的情怀；在创新精神的鼓舞照耀下，体会人文底蕴，享受科技之光。

密歇根中央火车站的高度

在 20 世纪的工业革命大潮中，“汽车城”底特律曾经登上巅峰，又被抛入谷底。回望底特律这段过山车般的历史，人们不禁要问：汽车究竟为底特律带来了什么？“汽车城”的未来路在何方？

这，也许能够从密歇根中央火车站的经历里找到一些答案。

这座 20 世纪初建于底特律的火车站曾是“汽车城”辉煌的象征，也是“汽车城”衰退的标记。正如历史学家丹·奥斯汀所说：“没有什么比密歇根中央火车站更能象征底特律的崛起和衰落，也没有其他建筑更能说明汽车给底特律带来了什么、又带走了多少。”

100 多年来，这座世界上最高的火车站为底特律的生活带来过巨大的便利和欢乐。它曾熙熙攘攘，迎来送往。它送人们去度假，去见亲友，去硝烟弥漫的战场，也迎人们回家或在这里安家，去实现生活的梦想。这里曾是无数劳工寻找工作机会的大门，也是大量国外移民登陆底特律的“爱丽丝岛”[①]。车站内外曾经回响着“你好”和“再

① 爱丽丝岛曾是美国主要的移民检查站，被视为美国移民的象征。

见”的寒暄，机车声和汽笛声曾经奏出工业革命之城的动人乐章。

曾几何时，这些动人的乐章戛然而止，工业革命的车轮将这座车站无情地抛下。在过去的30多年中，这里荒芜败落，满目苍凉，成为流浪者的家园、城市嬉皮士的涂鸦之地、探险家的荒原。无数个日日夜夜，这里再没有了人声鼎沸和机车铿锵，有的只是从屋顶上滴下的水声和风穿过破窗的呼啸声。伴随着高耸的躯体，车站每天倔强地迎朝阳、看落日，默默等待着将来。

它终于等到了第四次工业革命之风劲吹的今天。那么，“汽车城”是否还会眷顾这座车站，带上它再造辉煌？

密歇根中央火车站的诞生

20世纪初，底特律的汽车工业蓬勃发展，一度使它成为美国最富有的新兴城市。大量劳工涌入“汽车城”，市中心原来仅有的一座火车站已经不堪重负，这座城市急需一个更大的火车站。

1908年秋天，密歇根中央铁路公司开始在城市的科柯顿地区购买土地。与此同时，底特律市政府借“美丽城市运动”的东风，也在科柯顿地区购置土地建成了一个新的绿地公园——罗斯福公园。市政府希望在公园附近有大规模的标志性建筑，这与铁路公司一拍即合。铁路公司很快拟定了在公园附近建造新火车站的宏大计划。它们请来了建造纽约中央火车站的两个著名建筑公司，大胆创新地设计出由3层火车站和18层的酒店式办公大楼组成的庞大联合体。这个联合体需要用800多万块砖、12万立方英尺（约3.4立方千米）的石材和

7000 吨钢材。建成之后，它将成为世界上最高的火车站。得到市政府的批准后，密歇根中央铁路公司于 1910 年 5 月正式开始建设新火车站。

建造中的火车站得到了人们的广泛关注和喜爱。看到不断拔高的大楼，市民们赞不绝口，他们兴奋地想象着这座宏大的车站会带来怎样前所未有的出行环境。新火车站原计划于 1914 年 1 月 4 日在盛大的落成典礼中投入使用。不幸的是，1913 年 12 月 26 日下午 2 点 10 分，市中心的旧火车站发生了火灾。铁路公司当机立断，立即安排启用新火车站。下午 5 点 20 分，第一列火车从新火车站开出。1 小时后，一列来自芝加哥的火车徐徐进站，成为进入新火车站的第一趟列车。

底特律市政府和铁路公司那时所展现的管理效率得到了人们的称赞。当天的《底特律论坛报》赞叹道：消防队员还没在老火车站装好水管，火车就已经在新火车站进进出出了，就像什么都没发生过一样。两天后，《底特律论坛报》在头条自豪地宣称：昨晚，数千盏电灯照明的新火车站矗立在夜空，光彩夺目。它是社会进步的前哨，是旧火车站的纪念碑，也是铁路建设的新标志。

"汽车城"辉煌的标志

密歇根中央火车站的正对面是罗斯福公园。当人们穿过美丽的公园大道走近火车站时，一定会被这座宏伟建筑所震撼。它不仅是一个火车站，也是当年建筑和艺术完美结合的展示。

火车站大楼呈新古典主义和希腊复兴时期的建筑风格，整体挺拔庄重，细节处布满古典和现代艺术的装饰。走进大厅，平整光滑的大理石地板上有着优美的图案。周围 14 根大理石圆柱托起高大空旷的天花板苍穹，拱顶由无数片优美的瓷砖覆盖，五颜六色，美轮美奂，好像一座艺术宫殿。墙壁上方是美丽的锻铁格栅窗户，从这里透进的灿烂阳光使车站大厅满堂生辉，暖意洋洋。高高的穹顶垂下几座青铜枝形吊灯，散发出浓浓的古典艺术气息。入夜，由爱迪生电气公司提供的照明系统保证站内外灯火通明，让火车站笼罩在一片璀璨华丽的氛围中。“这像一座交通圣殿，是这座城市的骄傲！”“来到这里，还以为自己在白金汉宫呢！”很多年后，还有人这样赞叹道。

走过大厅，可以在一排华丽的售票窗口买票，然后穿过高高的拱廊，会经过报摊、零售店、咖啡店、雪茄店或理发店。候车室宽敞舒适，两面还设有专门的休息区。一面是专为男士准备的吸烟室，室内的方格天花板和四周的红木镶板尽显奢华。另一面是专为女士设置的阅览室，在独特的照明装饰下显得明亮安静。火车站拥有一家带拱形天花板的高档餐厅，还有洗浴设施，旅客可以在上下火车前后梳妆打扮。这里可以发电报、寄明信片或在电话亭打电话。车站的下层还设有海关、移民局办公室以及新移民审查所。

这是一个熙熙攘攘、充满活力的火车站，每天有 200 多列火车在这里进出，其中有许多经典响亮的火车班次名字，如“暮光之城”“水星”“‘汽车城’专列”“金刚狼”等。鼎盛时期，这里每天迎送 4000 多名乘客。从华丽的火车站大厅中走出过无数名门望族、政商巨贾，包括胡佛总统、杜鲁门总统以及大小罗斯福总统，还有演

密歇根中央火车站

密歇根中央火车站大厅

员卓别林、发明家爱迪生、汽车大王福特等。火车站上层高高的办公楼中有 500 多个房间，能为 3000 多人提供舒适优雅的工作空间。第二次世界大战期间，底特律市民从这里送走了成千上万的亲人奔赴遥远的反法西斯战场，候车室内那一排排静默无语的长椅见证了无数感人的送别场面。

在底特律的汽车工业大潮中，无数的打工者从这里涌进“汽车城”，其中有来自南方棉田或北方麦地的农民，也有大量来自海外的移民。这些海外移民怀着对自由和未来的渴望，从火车站的移民审查所走进美国，进入汽车产业大军的行列中。

从 20 世纪 20 年代到 50 年代，密歇根中央火车站作为一个高效的交通枢纽，为底特律的崛起源源不断地输入新鲜活力，为“汽车城”创造了巨大的财富。而当“汽车城”的资本家们陶醉于取得的巨大成就之时，让他们始料未及的厄运也在悄悄地来临。这座宏伟的车站在朝阳和落日中彰显底特律辉煌的同时，它偌大的阴影也重重地覆盖在了“汽车城”的土地上。

走向没落的象征

取得第二次世界大战的胜利之后，美国的经济走上了发展的快车道。底特律——这座战时“民主国家的兵工厂”，释放出了巨大的产能，大大地推动了汽车工业的发展。在政府补贴下，高速公路和城际航空运输日益发达，直接导致铁路客运陷入衰退境地。密歇根中央火车站的客流量急剧下降，火车站很快就入不敷出了。

1956年，美国各大铁路公司打算出售包括密歇根中央火车站在内的400多座客运站，以削减成本，但无人问津。巨大的密歇根中央火车站只好继续蹒跚前行。10年之后，这里的候车室、餐厅都关闭了。1968年初，纽约中央铁路公司和宾夕法尼亚铁路公司合并为宾州中央铁路公司。但合并后的铁路公司仅在2年后就宣布破产，这是当时美国历史上最大的企业破产案。受此牵连，密歇根中央火车站也岌岌可危。

1971年，为挽救日益恶化的铁道交通，美国联邦政府成立了美国铁路公司，并于当年接管了密歇根中央火车站。1973年的石油危机为铁道交通带来了一线生机。美国铁路公司抓住时机，制订了一项改造和振兴密歇根中央火车站的计划。1975年6月20日，在焕然一新的候车室里举行了重新开放火车站的庆祝活动，密歇根中央火车站也在这一年被正式列入国家史迹名录。后来的几年，美国铁路公司努力使密歇根中央火车站保持正常运行，竭尽全力维护着这个即将落幕的"铁路贵族"最后的尊容。

但是，所有的努力都无法阻挡美国铁路系统经营状况日益恶化的步伐。20世纪70年代末，这座庞大的火车站每天只有不到10趟列车进出，显然已与它的功能极不相符。火车站的拥有者开始努力将它出售。到了1985年，他们终于找到了买家——纽约凯比公司，在密歇根中央火车站开业72周年之际完成了交易。美国铁路公司作为租户继续使用密歇根中央火车站，维持着每天8趟列车的运行。2年多后，历史性的时刻终于到来。1988年1月5日上午11点30分，随着开往芝加哥的353号列车驶出，这座宏伟的密歇根中央火车站结束了它的历史使命。

铁路大亨们当年建造密歇根中央火车站时一定是踌躇满志地胸怀百年大计，但火车站真正的辉煌时期不到 40 年。人们需要反思的是：他们当年的远见错在了哪里？正如《自由新闻报》在密歇根中央火车站停运后的一篇社论中写的那样：密歇根中央火车站的关闭不仅是对过去的告别，更应该是一次严肃反思的机会。想想我们曾经是什么，我们失去了什么，以及通过努力，我们还可以重新获得什么？

坚强的“汽车城”

凯比公司买下密歇根中央火车站后，原想将它改造成一座零售和办公中心。但由于资金运作的失误，这个项目夭折了，凯比公司不得不在 1989 年底将它转售给底特律的地产商人马克·朗顿。此时的火车站已经空置多年，无人问津。这里没有了电和暖气，内部已经破败荒废。马克试图通过建立赌场重新开放这个破败的大楼，但底特律市民们直到 1996 年才投票通过建赌场的法案。而他等不到那一天就放弃了，因为他已经支付不起火车站大楼每月数千美元的账单了。

在整个 20 世纪 90 年代，密歇根中央火车站像一座无人看守的废弃大楼。破坏者闯进这里偷走了所有有价值的东西，如铜线、楼梯上的装饰栏杆、石膏花饰以及可以搬动的石雕。大楼上的数百扇窗户玻璃全部被打碎。这里成了流浪者和城市游手好闲者的天堂，到处都是涂鸦，有的甚至有十几米长。这座底特律黄金时代的标志性建筑已然沦为流落街头的流浪汉，任人侮辱欺凌，无限悲伤地走完了 20 世纪。

到了21世纪，密歇根中央火车站后来的拥有者曼纽尔·莫罗恩意图将它建成现代化的国际贸易和海关中心，但终因所需资金巨大而无法实现。2003年10月，当时的底特律市长誓言将密歇根中央火车站改建为新的警察总部和警察博物馆，号召底特律人支持这项伟大的计划。但是，"汽车城"每况愈下的财政状况无法支撑此项重任，政府挽救密歇根中央火车站的希望破灭了。这座曾经宏伟的地标性建筑继续在无奈中沉沦，成为美国较高的废墟大楼之一。

密歇根中央火车站内部怪诞的破败场面得到了许多废墟学者和艺术家的关注。火车站的场景曾在许多电影和书刊中出现过。2002年的科幻电影《战争生活》中有大量特写镜头取自密歇根中央火车站。2005年的电影《四兄弟》的开场就是主角驾驶他的汽车从中央火车站的楼前出发。同年，它也成为惊险电影《岛屿》的取景地。2006年的科幻大片《变形金刚》也用了不少火车站的内部场面。一些歌手的音乐视频（MTV）也采用了火车站大厅作为背景。还有摄影艺术家闯进楼中创造了很多废墟作品，包括人体和废墟强烈对比的视觉艺术。2016年的电影大片《蝙蝠侠大战超人：正义黎明》中的高潮打斗场景也发生在中央火车站。

在很长一段时间里，每当我带远方的朋友游览底特律时，总会看到路边的这座奇怪建筑。远远望去，大楼上一扇扇没有玻璃的窗户透着背面的光亮，令人触目惊心。大楼耸立着，好像是一个被无数子弹打穿的巨人，孤零零地仰天长叹，那么的虚幻、震撼，又令人心碎。

几乎每一个看到这座大楼的人都会有一个疑问：为什么不将它拆除？但是，倔强的底特律人不愿意向命运低头。这座火车站曾经承载了他们太多的记忆和希望。几十年后，那位卖出最后一张火车票的老售票员仍清楚地记得火车站关闭前的一幕——一位妈妈来到火车站，指着进口喃喃地对他说道：“那里，就是那里，我送别我亲爱的孩子上了战场，一直没有回来。车站没了，我到哪里去接我的孩子呢？”老售票员含着眼泪向人们诉说着这个故事，他永远不会忘记那位母亲忧伤的眼神。2009 年 4 月 7 日，底特律市议会在无奈中通过了一项拆除密歇根中央火车站的决议。但短短 7 天后，一位市民以保护历史文物为由，毅然地将市议会告上了法庭。

就这样，密歇根中央火车站像一个遍体鳞伤的巨人一样挺立到了今天。它是一座纪念碑，更是一座警钟，提醒着底特律人过去的辉煌、衰败和将来的重任。正如《自由新闻报》社论撰稿人杰夫·格里特所说：拆除密歇根中央火车站就会拔掉我们这座城市最大的眼中钉，但它不会结束这里的衰败——就像把流浪者赶出城市并不会缓解穷人的困境一样。也许我们需要这个遗迹来时刻提醒我们：我们已经衰落了多久，我们必须一起走多远？

高度的重建

转眼到了 2018 年。

这是一个令人激动的年份。底特律在经历短暂的破产重组之后迅速崛起，经过 5 年的高速发展，很快赶上了第四次工业革命的大潮，以一座新兴工业革命之城的姿态再度出现在人们的面前。人工智能、无人驾驶等革命性技术在“汽车城”找到了广泛的应用空间，欣欣向荣的景象在底特律城区重现。

当"汽车城"的轮子再次滚滚向前的时候，人们并没有忘记"汽车城"曾经的名片——密歇根中央火车站。2018 年 6 月，福特汽车公司正式宣布将投入 7.4 亿美元，将中央火车站及周边的科柯顿城区建成现代化的高科技研发和生活的园区。至此，密歇根中央火车站归在了福特汽车公司的名下。

在福特汽车公司宣布收购密歇根中央火车站后的几天里，比尔·福特——这位福特家族的第四代掌门人，多次接受采访表示：密歇根中央火车站是底特律人不懈奋斗的有力象征，它的复兴现在已经开始！这不仅是为了一座城市，更是基于福特对未来出行与未来生活的美好前景的极大信心。福特说干就干，当年就将 200 多名从事自动驾驶技术研究的员工迁至科柯顿的一座被称为"工厂"的建筑中。中央火车站的整修和重建工程也立即有条不紊地开展起来。

在整修中，福特将致力于重现火车站大楼原有的建筑风格，恢复其古典和当代艺术相结合的特征，并增加鲜明的现代化元素。火车站大厅将成为一个向公众开放的场所，拥有各类餐馆、咖啡厅及零售商店。18 层高楼的顶部将建成公寓和生活区域，使这里成为一个工作和生活完美结合的创新空间。

底特律市民对火车站的重建给予了很大的支持和希望。一些市民将流落在外的火车站珍贵物件主动送了回来。一天早晨，一位不知名的市民将一座大钟放在火车站后悄然离去。一位商人送来一座古色古香的饮水池石雕，声称要物归原主。2021 年，装修工人在天花板的夹缝中看到一封装在啤酒瓶中的信，原来是 100 多年前来自芝加哥的技工留在这里的珍贵纪念。

在修复火车站大楼的同时，福特汽车公司用了 18 个月的时间对密歇根中央火车站园区的发展做了详细的调查研究，于 2020 年 6 月正式推出了智慧出行园区的整体规划。这个园区将由四个主要建筑组成：密歇根中央火车站将成为福特汽车公司的智慧出行研发中心；毗邻火车站的著名书库大楼将被改造为创客空间；火车站西侧将有一座新的大楼作为供应商和合作伙伴的研发基地；福特自动驾驶部门目前拥有的工厂大楼。除此之外，在火车站后面原有的火车轨道上，将建造一个开放的多功能移动出行平台。这个平台将连接园区内的所有大楼，新的智能出行技术将首先在这里得到应用。为了加快实现这个目标，福特汽车公司与美国知名创新公司——新实验室签署了合作协议，将共同在园区建立两个致力于未来技术和产品开发的开放工作室。这些开放工作室将聚集有潜力的发明家、企业家和工程技术人员，他们将一起解决智慧出行最紧迫的问题和挑战。

按照规划，园区所在的科柯顿城区将会建成更多的绿化带、步行道、自行车道和公共艺术空间。这些区域将与中央火车站的壮丽景色交相辉映，形成一个适合步行，并提供优质零售、餐饮、娱乐服务的现代化工作和生活社区。由此，园区通过多形式的便利交通系统向底特律的其他城区扩展，与市中心美丽的河滨绿色生态区域连成一片。密歇根中央火车站也将成为密歇根州所规划的智能出行高科技走廊的一个重要节点。不远的将来，这里将形成一个充满活力、充满古典和现代化元素的智能、宜居的城区。

3 年过去了，福特汽车公司克服新冠疫情带来的种种困难，已经

密歇根中央火车站外景设计

完成了对密歇根中央火车站外部的整体整修。其内部的清理工作以及水暖电路照明系统的安装工作也已经完成，目前正在进行中的是内部装饰工程。

密歇根中央火车站的重生又见证了一个伟大公司的远见和担当。在美国众多的百年企业当中，在金钱至上的资本主义社会里，福特汽车公司无疑是一个现象级的存在。从老福特引领第二次工业革命开始，福特汽车公司及其家族就将推动社会发展的担当融入了自己的基因。第一代的老福特很早就投入巨资、不求回报地建成了福特博物馆和绿野村，为后代留下了真实反映人类科技和社会进步的珍贵遗产。福特二代为“汽车城”留下了反映大工业革命时代的艺术瑰宝——底特律工业壁画中庭。福特三代在“汽车城”风雨飘摇之际，毅然地投入底特律复兴大厦的建设，为“汽车城”带来了希望。如今，福特四代又挺身而出，担当起重建密歇根中央火车站和周边社区的重任。尽管道阻且长，但福特的担当和奉献精神永存。

2022 年新年伊始的一个阳光灿烂的冬日，我又一次来到了密歇根中央火车站。看着这座重生的宏伟大厦，我不禁在想：饱含工业革命底蕴的“汽车城”底特律，还有没有足够的智慧和能力，像重建的密歇根中央火车站的高度那样，重回汽车工业的顶峰？

福特庄园随想

在底特律西郊，有一处闻名遐迩的旅游胜地——福特庄园。20世纪初，庄园的主人亨利·福特先生以其独特的汽车发明、生产及推销方式，建立了举世闻名的汽车王国福特汽车公司。福特汽车公司的建立推动了美国及世界汽车制造工业的飞速发展，写下了人类工业文

第二次工业革命的先驱亨利·福特及福特 T 型车

明史上光辉灿烂的一页。由福特本人亲自设计并生活过多年的私人庄园，已成为美国的标志性建筑，并被载入史册。福特庄园每年吸引着无数来自世界各地的专家和游客参观游览，以至于有“不到福特馆，枉进‘汽车城’”之说。著名的密歇根大学迪尔本校区就坐落在风景如画的福特庄园内。

结缘庄园

屈指算来，我来到密歇根大学任教已整整 34 年了！

34 年来，我与福特庄园朝夕相伴，结下了不解之缘。几乎每天，我都要经过庄园保护区内的那座标志性建筑——福特老宅。那是一座由大块青色条石砌成、有着欧式建筑风格的三层小楼，在绿树环抱之中浑然透出一种古朴、厚实、庄重的气势。小楼四周围绕着上万株玫瑰，每到春暖花开的季节，万紫千红，生机盎然。

屋后，静静地流淌着被誉为美国汽车工业之源流的鲁日河。河边不远处有一座小发电站，它是由福特和他的朋友、发明家爱迪生亲自设计建造的，集水力发电与火力发电于一体，曾为庄园提供过充足的能源。住宅的北边是一大片草地，绿茵如毯，伸向远处郁郁葱葱的林中。

鲁日河河畔是一片占地约 200 公顷的森林，既保留着密歇根古老森林的原始生态，也引种了不少世界各地的珍贵树种，因而成为极具价值的天然植物园。林中，有参天大树，也有细枝嫩叶。林间散落着许许多多树干，粗的、细的，自生自灭。环顾四周，芳草青青，野花

福特老宅

点点，浓郁的大自然气息扑面而来。走进树林深处，眼前忽然一亮，闪出一片小湖。湖水清澈见底，湖面很静，偶尔有轻风吹过，荡起细细的涟漪，把跌在水中的树影弄得婆婆娑娑。天空湛蓝湛蓝的，几片悠悠的白云飘过，时时将我的思绪牵向远方的故土。

正是这座美丽的庄园、这片神奇的树林，伴我度过了许多平静与不平静的日子，抚平了我旅美生涯中浓浓的乡愁。我常常捧一册诗卷坐在湖边，从苍劲的方块字中回味东方的神韵。夏天，湖面上长出一片片荷花，一群红的、黄的鱼儿游嬉其间，使我想起在西安交通大学读书时，图书馆楼前荷花池畔晨读的情景。偶尔有几只天鹅落在湖面上，悠然游过，把我带回“白毛浮绿水，红掌拨清波”的儿时。下雨了，站在湖边，看水中泛起一个个水泡，听耳边淅淅沥沥的雨声，顿生江南“画船听雨眠”的醉意。

若是秋天来了，树林被大自然的浓彩抹过，红的热烈、黄的奔放、绿的深沉。置身其间，踢一趟腿，练一套拳，便有殷殷豪气在胸，令人心旷神怡、心境明远。林间一隅，有一处青石砌成的亭台，人去台空。那古朴的亭台长廊，像一位默默沉思的老者，透出一股“前不见古人，后不见来者”的苍凉。到了白雪皑皑的冬天，踩着脚下“咯吱”响的积雪，一腔吼出“望飞雪，漫天舞，巍巍群山披银装，好一派北国风光”，就酸了鼻子、暖了心窝。

工业革命的伟大实践

徜徉在老福特曾经走过的林间小径，我经常想起这位曾为美国经济装上轮子的老人。走进庄园，你会处处感受到老人的朴实与勤劳。福特老宅不算大，也不华丽，但非常坚固、实用。庄园里有老人种过的菜地，长出的菜不仅能自给自足，还能分给别人。庄园里还有汽车修理间和实验室。老福特一直保持着自己动手修理机器的习惯，时常鼓捣一些小发明出来。最令人敬佩的是他不断进取、勇于创新的精神。福特从小在农庄长大，一个偶然的机会使他看到了蒸汽机，继而他对机械产生了浓厚的兴趣。不久，他毅然离开了生活了几十年的农庄和伤心的父母，投入正在进行工业化变革的底特律的怀抱。

在那里，福特结识了他终身的良师益友、发明家爱迪生。福特以他的勤奋与智慧，深得爱迪生赏识，成为爱迪生电气公司的总机械师。此时的福特并不安于富足的生活，在厨房的木台上开始了他对汽车梦的追求。在经过一次次失败之后，福特终于用他发明的内燃机造出了第一辆汽车。当时，他如此专注于创新，以至于车造好后才发现屋门太小，车开不出去。于是，他挥斧在墙上凿出一个大洞，也开辟了一个生机勃勃的汽车产业。

早期的汽车豪华而昂贵，只是少数富人家中的玩物。福特独辟蹊径，开发出物美价廉的 T 型车，使汽车走进千家万户，真正实现了其造"大众车"的梦想。而当传统的制造方式不能满足新的生产需求时，又是福特，首先开创了革命性的大批量流水线生产方式，极大地解放了生产力，使之成为第二次工业革命的标志。福特还率先大幅度提高工人工资，实行最低 5 美元日工资制，震撼了当时的工业社会，并使他的工人成为他的消费者。福特的一系列创新举措，从根本上改变了美国的汽车工业及消费市场，刺激了美国经济增长，同时也为他自身带来了滚滚财源，从而使他成为当时美国乃至世界首富。

福特所在的那个年代，正是美国从农业社会向工业社会过渡的转型期。福特致力于制造业的发展，因为他深信，在物质文明不太发达的社会，制造业是创造社会财富最基本、最有效的手段。福特的每一项创新举措都为社会创造了大量的实实在在的财富，极大地推动了美国制造业的发展。

回顾 20 世纪的经济发展进程不难看出，制造业的发展程度决定了一个国家的经济实力。"要想过得好，就要制造好。"尽管社会上有各种轻视制造业的思潮，甚至称其为"夕阳产业"，但我看到的是

福特老宅后院

各个发达国家投入大量的人力、物力，推出各种举措，不遗余力地发展和推广先进制造技术，提高本国制造业的竞争力。

中国是一个发展中国家。中国经济的稳固发展应该建立在一个具有国际竞争力的制造工业基础之上。当前，我国制造业大国的地位非常稳固，不过，“大而不强”一直是我国制造业亟待解决的问题，这就需要解决核心基础零部件及元器件、关键基础软件、关键基础材料、先进基础工艺等根本性问题，进行产业结构优化升级。

但是，产业结构优化升级由谁来做？

当年的福特在面临汽车生产力迫切需要升级时，曾以大幅度提高工人工资的惊人之举，吸引了大批优秀工人进入汽车制造业。同时，在政府和企业的大力支持下，高校向制造业输送了大批优秀技术技能人员。如今在美国，一个熟练的汽车工人的工资足以使之进入富裕的中产阶级之列，而且七成以上的技术技能人员直接参与制造领域的研发活动，由此构成了雄厚、稳固的制造业创新技术力量。而当前，中国的制造业人才严重缺乏，相应的人才培养体系及社会支撑体系也较为薄弱。中国的科学家与技术技能人员，尤其是从事制造业的技术技能人员，在地位上、待遇上与美国的有非常大的差别。在中国的一些国家级重点人才培养计划中，制造业人才所占比例与其在国家经济发展中所起的作用极不相称。两院院士中从事制造工程研究的比例也相对较小，因此难免使人产生一种制造工程师低人一等的错觉。于是，一流考生不愿报考制造类专业，而已进入制造业的技术技能人员也往往严重流失。这种状况亟待改善。

其实，美国也曾吃过制造业人才缺乏的苦头。20 世纪 80 年代初，美国制造业正面临着来自世界其他国家的严峻挑战。而当制造业企业向高校寻求高级制造人才时几乎目瞪口呆——美国高校竟然没有制造专业。究其原因，20 世纪六七十年代，在"第三产业主导论"思潮的影响下，美国许多大学放弃了制造专业。痛定思痛，从 20 世纪 80 年代开始，美国加强了对制造工程人才的培养。在政府和企业的大力支持下，以制造工程为中心的专业在美国大学如雨后春笋般出现。一个新兴的工程学科——制造系统工程在美国被重新确立，并有了长足的发展。目前，在我所任教的系里，就有制造工程学士、硕士、博士三级学位。毕业生非常抢手，还未毕业就有企业前来聘任。与此同时，美国制造业各大小公司、企业也纷纷采取措施，大力推动对其制造人才再培养、再提高的“再造工程”。一个全方位培养合格制造业人才的体系已在美国形成，对制造业的重振起到了关键作用。

老福特是美国制造业的楷模。他勤奋、求实的做事风格曾影响过几代人，这从福特庄园也能体现出来。在庄园内，找不到任何华而不实的修饰。园中的小桥是由原木搭建的，水池是由石头砌成的。老人对求实几乎到了固执的地步。他平生不喜欢和银行家打交道，对银行家有很深的偏见，认为他们“不劳而获”。他从不打高尔夫球，甚至认为从事体育运动是浪费时间。游泳是他唯一认同的体育运动，因为他认为在关键时刻，“这项技能可以实实在在地帮你求生”。

制造工程新纪元

在“不是我不明白，是这世界变化太快”的今天，各种信息铺天盖地，到处充满了浮躁和诱惑。常到庄园走走，看花开花落，每每都能获得一份祥和与平静的心情。的确，当前信息化产业飞速发展，为社会带来了巨大财富，但也为年轻一代创业致富带来了一些误区。听着一个个硅谷创业的神奇故事和网络聚财神话，年轻学子们坐不住了，向往到华尔街去，到硅谷去，似乎有一个概念就可以轻而易举地创造财富。这种不愿吃苦、急功近利的浮躁心态不由让人担忧。

我常给我的学生讲老福特创业的故事，讲成功的三要素（天分、机遇、勤奋）中，天分由天，机遇难求，只有勤奋才是每个人能实实在在把握住的。从社会分工来看，总要有人做饼、有人分饼。当大家都只想分饼而鄙视做饼时，这个社会是不平衡的，是浮躁的，对经济的发展是危险的。

在这座庄园里，老福特和他唯一的儿子爱德赛曾经有过一段严肃的对话。"你现在中学毕业了，打算做什么？""上大学。""你的想法是对的。"老人沉吟片刻，严肃地说，"你最好先到工厂去做做。你是我事业唯一的继承人，你将来要负起管理这个公司的责任，你必须有这一行的知识……"显然，老福特那一代人深信外行不能领导内行。随着现代管理技术的发展，外行与内行的界限越来越模糊，众多的商务管理硕士（MBA）毕业生活跃在各行各业的管理阶层。但对制造业来说，只有商务管理知识仍然很难胜任管理工作。当年美国制造业面临严峻的挑战时，甚至有人抱怨说都是制造业那些没有工程背景的商务管理硕士惹的祸。因此，美国的部分高校对相应的学科作了调整，公司也更注重将有实际工作经验的人才送回学校读 EMBA 学位。此外，美国的高校还实施了商务管理与工业工程相结合的双硕士计划以及工程管理硕士计划，很受汽车工业界的欢迎。

漫步在庄园中，可以随处感受到老人的童心稚趣。在住宅前的草坪上，有一幢按比例缩小的房子，那是老福特专为孩子们设计的玩具房。里面厨房、浴室、卧室应有尽有，你可以想象孩子们在房子里生活的有趣情景。还有那建在大树上的小木屋、房车内可以坐进去开动的玩具车、可以同时容纳几十只鸽子的鸟屋，展示着庄园的主人和子孙们欢快和谐的生活场景。

福特的一生充满了矛盾性与戏剧性。他勇于创新，却在某些方面因循守旧。他固执地坚持使他扬名立万的T型车十几年不变，且只有一种黑色，导致最后难免被淘汰。他曾因大幅度提高工人工资待遇而深受广大工人爱戴，却又迟迟不与工会对话，甚至与工会“大打出手”。他家长式的管理方法曾严重阻碍了福特汽车公司的发展，最终导致被现代管理大师杜兰特领导的通用汽车公司超越。

不仅如此，老福特一生最大的悲剧莫过于他的专横深深地伤害了他与他唯一的儿子之间的感情，导致他过早地失去了爱子。我猜想，晚年的福特一定在深深的自责中有所醒悟：富可敌国的财富并不能取代一个温馨与和谐的家庭所带来的幸福。于是，他想方设法为孙子们在庄园内营造温馨的环境，这位工业巨人终于展现出其性格中温情的一面。

在快速变化的信息时代，人们谈论更多的是高科技、网络，是比尔·盖茨、扎克伯格，老福特叱咤风云的年代似乎已经非常遥远。然而，人们并没有忘记他，没有忘记他所代表的那种精神。回首20世纪，人们将福特评为对美国经济及国民生活影响较大的几位世纪巨人之一。我非常庆幸能有机会走近这位世纪老人。遥望东方，我期望着中国不仅能够有产生比尔·盖茨、扎克伯格们的土壤，更有造就亨利·福特们的环境。期待中国的制造工业早日腾飞！

汉斯公园路

摊开美国密歇根州地图，在底特律西部阡陌纵横的大地上，很容易看到一条狭长的绿地，从富饶安静的乡村小城诺斯威尔伸向汽车工业重镇迪尔本。很显然，这是一个公园，一个很奇特的公园：它弯弯曲曲，走走停停，蜿蜒 20 多千米，悄然穿过 6 座城镇，在历史和文化中徘徊。仔细看去，贯穿绿地始终的，还有一条小河。这条小河很不起眼，慢慢悠悠，时窄时宽，却默默地承载着美国汽车工业的兴衰历史。它，就是被史学家称为美国汽车工业源流的鲁日河。而与这条历史名河紧紧相伴的，就是我天天经过、日日陶醉的汉斯公园路了。

汽车工业的遗产

相传很多年前，当生活在密歇根大湖区的印第安部落分为三支时，其中一支由北向南，来到了美丽的底特律地区。这里绿树参天，流水淙淙，鹿壮鱼肥，鸟语花香。得天独厚的自然环境让鲁日河流域成了这支印第安部落的理想栖息之地。印第安人在河的两岸耕种狩猎，安营扎寨。于是，沿着这条小河就踩出了一条原始小径，成了当时印第安人的交通要道。

到了 18 世纪初，印第安人的宁静生活被逐渐增多的欧洲定居者打破。大量的定居者从纽约向西沿着伊利运河来到这里，其中就有后来为美国经济装上轮子的福特家族。那时的人们在鲁日河沿岸开荒种地，筑坝蓄水，建起了一座座水磨坊。沿鲁日河的这条小径也就渐渐繁忙起来，出现了雪橇、牛车、马车，小径成了名副其实的马路。

尤其是到了 19 世纪初，当老福特们把底特律的汽车工业搞得风生水起、生机勃勃时，大批的人口涌入底特律。这条小路也成了人们进城的要道之一，车水马龙，热闹非凡。可惜的是，在风风火火的工业化进程中，随着大量的乡村被城镇化，大片的农田被征用，烟囱四起，道路纵横。沿河两岸的森林绿地也被冲得七零八落，大量污水被排放到河中，鲁日河奄奄一息。

看到工业化对生态环境所造成的严重破坏，有一位名叫爱德华·汉斯的老人忧心忡忡，深感时不我待。于是，他说服亨利·福特一道发起组建了韦恩郡道路委员会，并于 1919 年提出了建立鲁日河流域生态区、保护鲁日公园路的长远计划。从那时起，老汉斯不遗余力地游说政府出资，买下了沿鲁日河两岸的大片森林绿地，建成了鲁日河生态保护区，并且整修、完善了贯穿保护区的公园路。1937 年，也就是老汉斯去世的前一年，保护区被正式命名为汉斯公园，而这条路也被命名为汉斯公园路，为后代留下了一份珍贵的自然和历史文化遗产。1998年，美国国会进一步立法，将包括汉斯公园在内的鲁日河流域正式命名为国立汽车文化遗产园。

大自然的馈赠

清晨，迎着静谧的晨曦，穿过古朴典雅的普利茅斯小城，一个转弯，我就闪进了汉斯公园路。于是，一幅优美动人的自然画卷在我眼前展现。

这里四季如画。

密歇根的冬天寒冷而漫长。公园路两旁茂密的森林，此时只留下一排排参差不齐的树枝倔强地指向天空。天空像一块偌大的画布，涂满或蓝白或灰暗的底色，将一棵棵参天大树的枝干生动地展现出来，彰显出遒劲，透露着苍凉。若到了斜阳午后，不太刺眼的冬日会躲在一排排树后和你追逐赛跑，并不时地从树缝中探出头来，洒下一束束暖暖的金光。突然林梢上有几只不惧寒冷的飞鸟掠过，或天边有一架客机悠悠地飞来，拖着一条长长的白云。此时的你，不管有什么样的冬日惆怅，心情的褶皱一定会被熨烫得平平整整的，只留下心旷神怡、暖意洋洋。要是到了漫天飞雪的日子，这里就成了一个晶莹剔透的银白世界。驶在公园路上，看两旁玉树琼花、白雪皑皑，你一定会惊讶地屏息静气，不由得放慢速度，关掉音响，静静地驶过，生怕惊动了这洁白无瑕的世界、扰乱了万籁俱寂的苍穹。

如果在春天驶在公园路上，你会真切地感受到大自然的复苏。那"一场春雨一场绿""万条垂下绿丝绦"的大戏天天在这里上演。渐渐地，路边的草坪变成绿油油的毡毯，平平展展地伸向密林深处。车窗外，满眼嫩绿、草绿、葱绿、翠绿、墨绿。迎春花开了，一串串、一簇簇鲜黄的花儿挂在枝头，微笑着向你招手。忽一日，草坪上开出了满地的小黄花，一点点、一片片，让人欣喜、让人陶醉。

当然，公园路上最动人的画卷还是在秋天。在密歇根，这是一个激情与红枫燃烧的季节。从 9 月下旬开始，伴随着阵阵秋风，大自然用那神奇的画笔，给密歇根大地一遍遍地抹上浓艳如火的色彩。此时，你沿公园路一路开去，满眼枫红松绿、柳黄橡橙，灿烂的秋色在眼前毫不羞涩地展开。那一片片枫叶，迫不及待地将积累了一个夏天的豪情用最绚丽的色彩喷发出来。一棵红枫，一排红枫，一片红枫，一谷红枫！那红如火一样奔放，绿像墨潭般深沉，黄像雀儿一样欢快，橙似长笛般抒情。若是正好赶上雨后初晴，一定要停下车来，站在树下，抬头细细望去。你会看见斑驳陆离的阳光从叶缝里泻下，从红叶中穿过。那一片片红叶层层叠叠、通体透明，坦然裸露着优美的曲线和漂亮的纹路，竞相透出无边的风韵。

再往前走就到了湖边，眼前豁然开阔。小湖的英文名称为 Newburgh Lake，若按音直译，就是纽伯格湖，可我却宁愿称它为新伯格湖。新伯格湖位于公园路的中段，是整个生态区中最珍贵、最灿烂的一颗明珠。鲁日河流到这里，河底骤然下沉，河面忽然开阔，形成了一个长约 3 千米、宽数百米的葫芦形湖泊。湖面四周被郁郁葱葱的参天大树环抱，两岸凹凸有致。边上有一块不大的陆地伸进湖中，形成了令人遐想无限的湖中半岛。岛上绿树成荫，岸边片片茂盛的芦苇随轻风摇曳，几条长凳隐于树后芦苇丛中。不管是风和日丽，还是

汉斯公园路

新伯格湖

细雨绵绵，走到岛上，都有一种沁人心脾的惬意、脱尘离俗的陶醉。再往前走，路边湖畔闪出一间有歌德式屋顶的红砖小屋，古色古香，透出童话般的美丽。这是专门为路人建造的休息小站。在小屋的右边，沿着装有铁护栏的石阶下去，就到了水边。边上，有用红砖沿湖砌出的一块环形的平地。一侧是可以避雨的亭台，另一侧是有石砌护栏的湖面。护栏的中间开着，连上一座 T 形的银白色浮桥，笔直地伸向湖中，供人垂钓和停船。

小湖的重生

当回顾新伯格湖的历史时，你会不胜唏嘘。要知道你今天所看到的这颗灿烂的明珠，曾经是那么的暗淡。她，和鲁日河一样，有一段辛酸的历史。

回到 20 世纪初，由底特律引领的第二次工业革命大潮风风火火，城市化建设日新月异。与此同时，鲁日河流域的大片农田、绿地被征用，森林被砍伐，建成了一座座工厂和住宅小区。伴随而来的是大量的工业废水和生活污水，使已有的污水排放系统不堪重负。随着资本主义初期掠夺式的经济发展，鲁日河流域的生态遭到了严重的破坏。整整半个世纪，可怜的鲁日河成了人们排污的天然渠道。大量的废水、污水随着雨水被直接冲到了河中。这些污水有大量的有害物质，不仅污染了河流，还流到新伯格湖里沉积起来，严重破坏了小湖的生态平衡。

我猜想，那时的老汉斯们一定会看着小河、望着湖水悲恸欲绝地大声疾呼：保护！保护！可惜他们势单力薄，哪能挡得住工业化的滚滚巨轮呢？资本家的唯利是图、大众的漠视、政府的推诿和不作为使汉斯公园内的水质持续恶化，到了 20 世纪 80 年代末几乎是积重难返、回天乏术了。我猜想，老汉斯一定是带着深深的遗憾走的：保住了森林，却未能留住绿水。那时的我，徜徉在公园路上时也常常悲喜交加，到了湖边都不忍心往下看：水是褐色的，上面浮着一片片墨绿色植被，别说天鹅了，连野鸭都很少见。

到了 20 世纪 90 年代，听到了鲁日河忧伤的呻吟、小湖悲怆的呼喊，人们终于忍不住了！政府不再推诿，企业承担起责任，民间自发组织了一个个拯救母亲河的团体，大张旗鼓地开始了全方位的河水治理工程。一出手就是重拳：砸下 1200 万美元，彻底拯救小湖！湖水治理工程从 1993 年开始筹划，1997 年正式启动。治理工程不可谓不大：历时整整一年半，将整个湖封闭起来，抽干湖水，挖走了 55.8 万吨湖底沉积物，培育起十余亩湖中产卵床和生态栖息地，清理了约 12.7 吨被污染的鱼群，投放了上千万条鱼及其他生态物种，新建和完善了湖边的公园绿地及各种基础设施。

那一年多的等待是多么的漫长呀！我常常经过小湖，站在封锁的路外向里张望。那心情，就像等待自己正在梳妆待嫁的女儿，紧张又期待。听到湖中轰隆的推土机声，看着来来回回辛勤的工人，我的眼眶湿润了，心中默想：回来吧，快回来吧，我的明珠！终于等到了第二年的金秋十月，一个全新的新伯格湖揭开了面纱。所以，你知道我为什么叫她新伯格湖了吧！

南京磨坊中的福特之梦

从新伯格湖出来向西，沿着蜿蜒的公园路，穿过一片幽静挺拔的原始森林，左边陡然出现一栋白色小楼，非常显眼。细看，小楼有三层高，外表为条状板材，是典型的北美乡村建筑风格。旁边有水渠流过，不用说，这一定是在密歇根常常能看到的水磨坊了。抬头再看，一行字深深地吸引了我——NANKIN MILLS。“NANKIN？”我心里一惊：难道这里叫“南京磨坊”？停下车，我带着疑问走进水磨坊，像走进了阿里巴巴的宝藏。

的确，它叫南京磨坊，是以中国的城市——南京来命名的。让我更惊讶的是，这里不止一个南京磨坊。在这条公园路穿过的土地上，曾经有过一个实实在在的南京乡。早先，韦恩郡除了有底特律市，还有一个很大的乡，叫巴克林乡，涵盖鲁日河沿岸的大部分地区。到了1829年，巴克林乡一分为二。那时美国的地名大多是重复使用欧洲移民家乡的名字。这一次，鲁日河流域的人们却以贸易往来中所知道的、遥远的东方古国——中国的城市来命名。于是，巴克林乡的一半改名为南京乡，另外一半则成了北京乡。后来随着城市化的发展，南京乡进一步分出许多城镇，直到1966年，余下的南京乡全部归入西城，至今还保留了一条南京路、一个南京湖。而北京乡也逐步分解成今天的红福特、花园城、迪尔本等城镇。有趣的是，同一时期以中国地名命名的广东乡还得以保留到今天，成为现在底特律华人居住较为集中的地区之一。

南京乡不在了，可南京磨坊却像一座刻满历史的丰碑，敦敦实实地屹立在公园路上，诉说着曾经动人心弦的故事。这里有男耕女织的平静田园，也有血雨腥风的印第安之战；有南方黑奴逃亡时的挣扎，也有让老福特梦断的理想工厂。透过磨坊内那锈迹斑斑的水车，一扇历史的窗户仿佛向你洞开。你分明可以看到一个个鲜活的历史人物向你走来：有与世无争的印第安人，还有划着小船的法国探险家；有气宇轩昂的韦恩将军，还有惊恐万分的南方黑奴；有磨坊的主人斯威夫特，还有带着一脸笑容的爱迪生老人。而走在最前面的，是既踌躇满志又满脸忧郁的老福特。

这座不起眼的南京磨坊，承载着老福特一段沉重的历史：它既是老福特放飞“乡村工业”理想之梦的地方，也是他无奈折翼的梦断之乡。

还是在孩童时期，老福特就经常跟着父亲，赶着马车，沿着这条鲁日河小路，晃晃悠悠地从迪尔本来到这里，用水磨把家里种的谷物磨成面粉。那是一个多么遥远的年代！看着磨坊内那古老的水车、磨盘，我仿佛一会儿看到儿时福特的惊喜眼神，一会儿又听到了30多年前，我在秦岭山下的一个孤零零的小水磨坊里通宵达旦磨面的水声。我猜想，儿时福特也一定和当年的我一样，看着这奇妙的水磨机器着迷，也为这平平常常的水能带来的动力而称奇。所以，当老福特在工业化大潮中大显身手，以豪迈的气概带领福特汽车公司风驰电掣般跨入工业王国，并登上顶峰时，他并没有忘记不太遥远的以前曾在这条农耕小路上晃悠，以及小路尽头的这座奇妙的水磨坊。于是，在1918年，靠T型车而成为世界首富的老福特毅然把

公园路上的
南京磨坊

南京磨坊买下，而这座磨坊也成为他拥有的第一座水磨坊。

有了磨坊，做什么呢？老福特当年一定是常常开着他那辆得意的T型车，从迪尔本溜出，顺着鲁日河边的这条路来到这乡间野地，苦苦地思索。终于，一个极其超前、极具创新性、至今仍被学者们称道的大胆计划在老福特脑中产生：建立“乡村工业”。就是在今天看来，老福特的这项“乡村工业”计划也还是那么的美妙、那么的伟大！尽管当年的老福特已经非常富有了，他的工人的收入在同时代工人中是最高的，但他念念不忘的还是怎样才能帮助那些仍在农田中辛苦劳作的兄弟姐妹们脱贫致富。他深谙"授人以鱼，不如授人以渔"的道理。"对了，把工厂开到乡村，办到他们家门口，这样他们就可以一边务农，一边做工。这样既不误农活儿，又可以拿高工资。""叫什么呢？对，就叫两栖工人！"老福特兴奋地写下了这几个字。再想，对呀，这乡村工厂还可以建在河边，用水力发电，是环保的绿色工厂。老福特更兴奋了。再想想，这乡村工厂还可以缓解大工业城市人口过于集中所带来的种种问题，缩小城乡差别，搞分散式生产，老福特坐不住了。

老福特兴奋地、滔滔不绝地向人们讲述他的计划、他的理想。董事会上有人反对："那经济账怎么算？""别和我谈钱！""那这不是和您推行的流水线生产对着干吗？""就是要对着干！"老福特拿出家长的霸气，力排众议，说干就干，而起点就是这座南京磨坊。1920年，经过改建，老福特的第一座乡村工厂在南京磨坊正式开张。磨坊中的水力发电机，竟还是老福特的挚友、发明家爱迪生亲自设计、安装的。自此老福特一发而不可收，一口气买下了鲁日河流域及休伦河流域全部的 20 座水磨坊，全都改成乡村工厂，一门心思地开始了他晚年最大胆、最具争议的工业实践。于是，史学家们看到了一个非常奇特的福特生产王国：在号称世界上最大的工业城——鲁日工厂方圆 60 英里（约 96 千米）的范围内，散布着福特大大小小 20 座乡村工厂。在引领制造业向大批量生产、集团化生产过渡的同时，福特汽车公司却还在大张旗鼓地建设作坊式小工厂。当时人们一定在问：老福特这是怎么了？

老福特才不管呢，忙着继续实现他那伟大的理想。仅建在公园路两旁的就有 7 座乡村工厂，而最大的、最令人瞩目的还是这座南京磨坊工厂。工厂在最辉煌时，雇用了 200 多名附近的农民工。福特将他们培训成响当当的技术工人。开始，他们只是生产鲁日工厂所需要的螺钉之类的小零件。后来，由于工人的技能水平不断提高，老福特干脆把鲁日工厂内极具技术含量的雕刻模具也全部拿到这里来生产。

不仅如此，老福特还在他的乡村工厂发起了“节俭田间”运动，特意在工厂附近开垦农田，为每个工人都准备了可种的地块和种子。老福特不遗余力地推广这项运动。他在车间挂起了大幅的标语，要求工厂经理带头，并要求每一个员工必须填表回答“种什么，种多少”。

在这里，我还看到老福特深怀悲天悯人之心。他将那些农民兄弟招进工厂之后，还安排他们的妻子也来到工厂做力所能及的事情。同时，他还专门为农民兄弟的孩子在附近建了一所学校，将孩子们的衣食行全都包下。这是怎样的一个工人大家庭！老福特分明是以南京磨坊工厂为蓝本，在努力地建造他那理想的工业伊甸园。

可惜的是，老福特的梦想一点点被无情的经济现实所打破。每年财务报表报上来的时候，都在显示乡村工厂不赚钱。“别跟我谈钱！”老福特还是那么固执，一意孤行。“乡村工业”计划从 1920 年开始，一直到老福特去世的 1947 年，整整 27 年，年年亏钱年年做。这是怎样的一种坚持，又是怎样的一种无奈和痛苦？我无从得知。只知道在老福特去世的那一天，风雨交加，停水停电。早晨，他还在庄园的田地里与泥水打交道；晚上，在如同他来到这个世界时一样的微弱烛光中，老福特像农民一样地离开了人世。

老福特去世不到一年，福特汽车公司就宣布停止"乡村工业"计划。1948 年 4 月 2 日，当最后一批包括南京磨坊在内的乡村工厂关闭时，《普利茅斯邮报》头条这样写道：福特的又一个造福于人类的理想随着工厂的关闭而破灭了。

如今，老福特的乡村工业伊甸园的梦想像一个美丽的童话，飘落在汉斯公园路旁这座并不怎么起眼的南京磨坊里。是起点？是归乡？点点滴滴，都在这里珍藏。

印第安人的悲伤

带着老福特破碎的梦行驶在公园路上，我不停地在想：工业的进步到底给我们带来了什么？除了物质上的极大享受，我们的精神家园在哪里？我们真的比以前幸福吗？如果经济利益是我们社会生产进步的唯一动力，那么它会把我们带向何方？如果西方探险家不到这里，密歇根的原住民印第安人是不是还在这里过着平静的生活？密歇根是不是还长着茂密的原始森林？

在我脑海里挥之不去的，还有 200 多年前发生在这条公园路上惨烈的一幕：新的定居者和印第安人为争夺食物而发生了血腥的冲突，结果是所有鲁日河流域的印第安人被逐出家园，远走他乡。而当时的战场，正是这条弯弯曲曲的小河，还有河边的这条路。我不能想象，如此美丽的公园路，竟然也承载着印第安人沉重的历史和无限的悲伤。

最初，这也许是一个美丽的故事。

大约1000年前，密歇根大湖区的印第安人分成三支，其中之一的波塔瓦托米部落迁徙到鲁日河流域落户。这支部落以狩猎、打鱼、种地为生，一直过着平静的生活，并和其他两支部落保持着兄弟般的关系。这三支部落自称为“三火人”。他们常常聚在一起，而相聚处就在公园路上离南京磨坊不远的地方。部落兄弟们交换猎物，拉拉家常，其乐融融。

1534年，第一个法国人卡提亚来到了大湖区，也吹来了外部文明的微风。100多年后的1670年，另外两个法国人——卡弗利耶和拉萨尔也划着小船来到了密歇根，惊喜地发现了鲁日河。那时的鲁日河由于河床矿石的缘故呈红色。于是，他们就为河起了个漂亮而浪漫的名字“Riviere Rouge”，意思是“红色的河”。所以，今天的鲁日河也叫胭脂河。

法国人在鲁日河流域受到了印第安人的礼遇。从此，他们之间开始通商。像其他印第安人地区一样，法国人带来一些外边的生活用品，以换取印第安人手里的皮毛和粮食。尽管那时沟通还有困难，但法国人和印第安人在鲁日河流域来来往往，相安无事。西方的文明和印第安人的土著文化保持着和谐，而这种和谐一直持续了一个多世纪。奔驰在公园路上，我常常会好奇地想，浪漫的法国人当年也许就在路边的某棵树下，戴着印第安人的羽翎装饰，喝着红酒，和印第安人一起跳舞作乐。那该是怎样的一种祥和的画面！

然而，这种祥和终究被打破：战争开始了。值得深思的是，发生在鲁日河流域的第一场战争，不是在法国人和印第安人之间，而是后脚来到密歇根的英国人为了跟法国人争夺北美的利益打了整整7年的仗。尽管这场战争被称为法国—印第安战争，实际上一开始并没有印第安人什么事儿。可花言巧语的法国人，硬是说服了印第安人与其结盟来对付英国人，把这种以战争来解决纠纷的"西方文明"带给了印第安人。从此，印第安人在鲁日河畔的宁静生活被彻底打破，走上了万劫不复的道路。在随后的 30 年间，战争不断、灾难不断。先是英国人打败了法国人，后又是韦恩将军统率的美国联邦大军踏过密歇根大地，于 1795 年赶走了英国殖民者，签下了著名的《格林维尔条约》，把大湖区正式纳入美利坚合众国的版图。

每次战争的结束，总是以印第安人让出大片的土地为代价，使得印第安人的生活空间被挤压得越来越小。到了 1807 年，以彤奎什为酋长的印第安部落的活动范围被《底特律条约》限制在位于今天的比池路和九哩路附近只有 2 平方英里（约 5.17 平方千米）的区域内。显然，这远远不能满足在鲁日河流域以狩猎和捕鱼为生的印第安人的生活需要，于是与外来定居者的纷争就越来越多了。

到了 1819 年 10 月的一天，一场致命的冲突爆发了。先是酋长的儿子为争夺面包杀死了一名外来定居者。随后，联邦军队的铁骑在麦科姆将军的率领下，如秋风扫落叶一般，将彤奎什部落中所有的印第安人从迪尔本沿鲁日河一直追到现在的南京磨坊附近。部落的人被团团围住，一个不漏。酋长的儿子不服，向山坡冲去，被杀。酋长悲愤护子，也被杀。

那也是在金秋十月，那时的枫叶也一定这么红，那时的鲁日河也一定在静静地流淌着，可长期生活在鲁日河流域的彤奎什部落的印第安人却不得不伤心地离开鲁日河，远走他乡，向北去寻找那还未被文

公园路上的印第安人后裔

明污染的另外两个部落的兄弟去。

了解了发生在公园路上的这段悲伤历史后，今天的鲁日河人不禁扪心自问：我们究竟对印第安人做了些什么？于是现在，在彤奎什酋长父子被杀的山坡上，有一块庄重肃穆的铜牌，上面镌刻着这段历史，昭示后人。坡下流过的一条小溪，也被命名为彤奎什小溪。如今每年9月，“三火人”的后裔们会聚集在南京磨坊门前的大草坪上，参加由韦恩郡举办的美国原住民传统节。这是一个盛大的节日。在蓝天白云之下，绿油油的草坪伸向远方的森林。一大群印第安人围在一起：老者在中间击鼓而歌；小伙儿和姑娘们穿着鲜艳的服装，头戴装饰，载歌载舞，无比欢畅！四旁围坐着很多鲁日河居民，男女老少，为他们喝彩，为他们鼓掌。看着眼前的情景，我心中有深深的感动，脑中也会不时地想象酋长父子在附近倒下的身影。如果他们能看到今天，会不会也被这里的场景所感动？

地下铁路史诗

历史就像一块块被打碎的镜片，散落在这条优美的公园路上，折射出人类文明的进程和人性的善恶。拾起一片看看，有的暗淡，有的辉煌。而其中最黑暗也是最耀眼的一片，则是有关解救黑奴的地下铁路。它的一面血迹斑斑，另一面又那么光芒万丈，折射出了人类的大爱之光。

你可以想象，美丽的鲁日河公园路，前脚刚刚送走印第安人悲伤离去的背影，后边就迎来了南方黑奴惊恐踉跄的脚步。不知有多少黑奴从这里一路向北，奔向自由，逃向远方。美丽的公园路上留下了许多可歌可泣的故事。而故事的中心，还是落在了公园路旁的这座南京磨坊以及它的主人——马库斯·斯威夫特身上。

1825 年，斯威夫特和朋友们从纽约长途跋涉来到鲁日河河畔，成为南京乡最早的拓荒定居者。他带领大家在这里勤劳耕耘，修建了第一座水磨坊，并创建了第一所学校。后来随着定居者日益增多，磨坊周围形成的社区也在急剧扩大。到 1829 年南京乡正式成立时，斯威夫特众望所归地成了第一任乡长。而他的磨坊，也成了当时的社区中心，连着千家万户，整日迎来送往，熙熙攘攘。

如果故事停在这里，那么磨坊的水声将会一直那么欢快。但不幸的是，斯威夫特所生活的年代正是美国南方黑奴经历的最黑暗的时代，他和他的磨坊注定要和黑奴解放运动连在一起。当时，南方奴隶制度的血腥和残酷已经引起了许多善良的人的愤怒和谴责。抵抗和取消奴隶制的呼声四起，“废奴”运动在北方风起云涌。密歇根以及其他西北地区成为奴隶逃离苦难、奔向自由的必经之地。但是，在南方奴隶主强大势力的胁迫下，联邦政府很快就颁布了多项逃亡奴隶法令，宣布任何藏匿、协助黑奴逃跑的活动均为非法行为；任何帮助黑奴逃亡的人将会受到严厉的惩罚，包括刑拘、入狱和高达 1000 美元的罚款，而当时的房价也就 300 美元左右。一时间，西北地区笼罩在黑色恐怖之中。尽管如此，当时一批抱有崇高信念的白人定居者挺身而出，侠义相助，用他们的信心和智慧，为逃跑的黑奴建立了一条通向加拿大、通向自由的地下通道，也就是美国历史上著名的地下铁路。而与加拿大接壤的鲁日河流域是这条地下铁路最前沿、最活跃的一段，在美国废奴历史上刻下了光彩夺目的篇章。

斯威夫特是这段地下铁路的精心组织者和领导者，而他的南京磨坊更是一个不可或缺、举足轻重的交通枢纽。那时的他，不仅是一位颇有能力的社区领袖，还是一位德高望重、虔诚奉献的牧师。在他坚定的信仰里，有两条非常重要的原则，即教育先行和人生而平等。在他的带领下，南京乡接二连三建立了多所学校，使得定居者人数迅速增加，南京乡也成为当时密歇根最大的乡。作为最大乡的乡长，他本来有很高的社会地位和很好的生活。但人生而平等的信念，促使他义无反顾地加入了“废奴”的行列，成了黑奴逃经鲁日河流域时的一盏明亮的指路灯。

在那个年代，逃亡的黑奴是九死一生的：奴隶主会带着大批家丁和猎犬紧紧追赶，沿途还有警方的围堵，逃亡的黑奴的下场往往非常悲惨。斯威夫特为了建立一条帮助黑奴奔向自由的安全通道，发动自己教会的家庭，精心策划，在鲁日河旁每隔 15 ~ 20 英里（24 ~ 32 千米），建立起一个个秘密运送黑奴的地下"交通站"。而他的水磨坊，就成了远近闻名的黑奴中转站。为此，他的家被烧了，他的磨坊被毁了，但他不屈不挠、一往无前。

不仅如此，他们还精心教会黑奴们唱很多歌曲，用作逃亡途中的联络信号。这些歌曲流传在黑奴中间，吟唱在地下铁路线上，成为美国历史上最美丽的音符。其中，最著名的两首歌曲是《小河蹚水》和《跟随你的水葫芦》。这深沉的歌声犹如来自遥远的天际，提醒逃奴赶快离开大路，蹚到河里，以躲避恶犬的追踪。当逃亡中的黑奴迷失在森林里时，他就会轻轻哼起那首秘密传唱的《跟随你的水葫芦》，用歌词所代表的特有信息和水葫芦来确定方位，找到北斗星，继续向北，走向自由的土地。

更令人感动的是，斯威夫特和他的同伴们用当时北美常见的传统拼装被面精心设计出一套"被面密码"，向逃奴传递各种信息。这样，散布在地下铁路沿线的许多家庭把拼装被面制成一个个特定的图案，挂在门前，悄悄地告诉逃跑的黑奴或运送黑奴的人们"从这个方向走"或"这里有麻烦"。其中，那个最有名的图案"雅各的天梯"作为那时的安全家庭标识已深入人心，被永久地载入美国的史册。

于是，在南京磨坊周围出现了一幅激荡人心的景象：沿小河边、

底特律河边上的地下铁路纪念塑像

公园路旁的许多农户、磨坊和农庄门前，都有一块美丽的“雅各的天梯”挂在显眼的地方，告诉逃跑的黑奴：这里是你安全的避风港。就这样，这条地下铁路在斯威夫特们前赴后继的精心维护下存在了近半个世纪。据估计，美国有 10 多万名黑奴通过这条地下铁路寻求到了自由。今天，在鲁日河尽头的底特律河边有一组纪念地下铁路的雕塑，栩栩如生地展示着这段地下铁路的动人历史。值得欣慰的是，老斯威夫特最终看到了南北战争的胜利，听到了林肯总统那“黑奴解放”的庄严宣告。

神奇美丽岛

提起美国的城市公园，人们常常会想到纽约的中央公园、旧金山的金门大桥公园以及芝加哥的林肯公园。可是，不知有多少人知道，“汽车城”底特律也有一个城市公园——美丽岛公园。

曾几何时，这个美丽的小岛公园如同一块光彩夺目的瑰宝镶嵌在底特律河上，为蒸蒸日上的“汽车城”增添了无限的风情与活力。20世纪初，当底特律凭其引领第二次工业革命的潮流而独占美国经济鳌头之时，美丽岛公园也曾风光无限地跻身美国十大城市公园之列，与纽约的中央公园一争高下。

令人惋惜的是近几十年来，由于底特律经济环境的不断恶化，美丽岛公园因缺乏有效的管理和维护而逐渐失去了往日的风采。站在市中心复兴大厦的高处向北眺望，底特律河上的这座美丽小岛清晰可见。岛上的森林草地依然郁郁葱葱，岛上的亭台楼阁风采依旧，但游人稀少，颇显凋零。多少年来，美丽岛像一位不甘韶华渐逝的美丽佳人，孤独地站在水的中央，每天望日出日落，看河水无语东流。

如今，“汽车城”已经走出了破产的阴影，正在重整家园、百废待兴。美丽岛又重回底特律人的视野，让小岛焕发青春的呼声日益强劲。2014 年 2 月，密歇根州政府与底特律市政府签署了 30 年租赁合同，正式将美丽岛公园划进州立公园系统，开始对其进行全面管理和整修。美丽岛公园受冷落的时代结束了。

小岛的身世传奇

在世界五大淡水湖环绕着的密歇根半岛的东南端，一条连接伊利湖和休伦湖的河流——底特律河缓缓流过。底特律就坐落在河的西面，与加拿大的温莎市隔河相望。由于其独特的地理环境，底特律河的水质清澈无比，被誉为世界上最干净的都市河流。

底特律市中心有一座标志性建筑——复兴大厦。在这里，宽阔的底特律河上翡翠般的河水缓缓流过。向北约 2000 米处，河水陡然分开，露出一座小岛。远远望去，小岛上树木郁郁葱葱，在蓝天白云下、在碧波荡漾中显得格外美丽。它就是美丽岛。

很久以前，生活在底特律河流域的印第安人发现了这座占地 900 多英亩（3.6 平方千米）的小岛，并给它取了一个美丽的名字：白天鹅。印第安人视它为幸运之岛，在岛上设立了象征幸运之神的图腾。可以想象，那时的印第安人划着皮筏来到小岛，在这里相聚歇息。他们燃起篝火，跳着舞蹈，朝拜神明，小岛上一片祥和的景象。

随着欧洲移民的到来，小岛几易其手。1768 年，英国国王乔治以 194 英磅的价格将它正式封给了一位名叫麦克杜尔的英国移民。

1783 年，经过英法战争之后，小岛被正式划入美国版图。19 世纪下半叶，由于密歇根便利的水路交通和绝美的自然环境，大批移民涌入，促进了这里的繁荣，使得底特律成为美国发达的大都市之一。那时的人们迫切需要在市中心附近建立一个城市公园，以满足日益丰富的生活需求。市政府看上了这座离市中心一步之遥的小岛，于 1879 年以当时的天价 20 万美元将其买下，开启了建设美丽岛公园的历程。

1881 年，底特律请来了纽约中央公园的设计者、著名的园林建筑大师费德列·洛·奥姆斯特为美丽岛公园做整体规划。随后，经过近半个世纪的建设，这

通往小岛的麦克阿瑟大桥

里逐步形成了岛中有湖泊河流的独特风格。除了大片的原始森林、湖泊、河流，岛上还建成了北美第一座水族馆以及大型室内植物园、野生动物园、水上乐园、游泳河滩、高尔夫球场、世界杯足球场等众多运动和休闲场地。

此外，这里还建成了大型汉白玉喷泉、英式花园、雕像、和平塔、大理石灯塔等人文景观。岛上还设有大型舞厅、游艇会所等其他娱乐场所，甚至还有派出所和边防站。5 英里（约 8 千米）长的环岛公路通过美轮美奂的麦克阿瑟大桥与市区相连，使这里成为美国最大的城市绿岛公园。

有人曾经对美丽岛的景色作了这样的描述：它是底特律皇冠上的一块无价之宝。它拥有墨绿色的森林和翡翠般的河水，荡漾的清波连着萋萋的芳草，美丽的鲜花簇拥着葱茏的树木，大自然的美丽和艺术在这里交汇，静止与运动在这里同时展现，点点白帆与蒸汽轮船共行……所有的这一切，都在小岛上完美地呈现出来，使它成为人们心中美好的向往之处。

大理石喷泉的沧桑

20 世纪 80 年代末，我来到密歇根后不久，就在地图上注意到了这个独特的河中小岛。一个初夏的周末，我决定去小岛上看看。

由市中心沿着杰弗逊大道向北，穿过一片荒凉的街区，很快就看到一座巴洛克风格的多孔石拱桥。驶上桥面的感觉就好像穿过时光隧道：破败的街道和嘈杂声在背后渐渐远去，美丽与安宁扑面而来。跨

小岛上一眼望两国的景色——左边加拿大，右边美国

过桥，迎面就是一个巨大的花圃时钟，沿着车道右转，底特律漂亮的天际线在眼前铺展开来。同时看到的还有河上那座高高的大使桥以及与其相连的加拿大温莎城轮廓。一眼见两国，我心里一阵惊喜：在小岛上竟然有如此独特的风景！

在欣赏风景之余，我还注意到了一座美丽的大理石喷泉。整个喷泉是由汉白玉（白色大理石一般被称为汉白玉）建成，看上去通体光滑透明，洁白无瑕。喷泉池的直径有500多英尺（约152米），中央一股水柱疾速地向上喷射。在蓝天白云的衬托下，高高的水柱上下舞动，千姿百态，优美动人。水池四周还有许许多多的喷嘴分布在海豚、海龟、狮子及人像等雕塑之中，整齐有序地喷出一条条水柱，交织出一个个美丽的图案。好一个水的舞蹈、声的交响！喷泉的正面有两层汉白玉石阶，石阶旁是带有精美浮雕的扶手，中间则是造型优美的水坛，石阶下的水面碧波荡漾。

印象中，这种兼具文艺复兴风格和磅礴气势的喷泉应该出现在欧洲的某个地方。它怎么会来到底特律这座小岛上呢？带着好奇心，我去寻访它的身世——原来它名为斯科特喷泉，有一段令人感叹的经历。

詹姆斯·斯科特是当年活跃在“汽车城”的一位地产商。含着金汤匙出生于“汽车城”的詹姆斯本应有很好的职业生涯，但这位“富二代”从小游手好闲，并没有从父辈那里学到多少勤劳、诚实的品质，反而养成了懒惰、好斗的性格。成年之后，他赌博酗酒、风流成性、口无遮拦，成了底特律臭名昭著的花花公子。同时，他在商业活动中又常常使用无赖的手段对待竞争对手，一生官司不断，恶名远扬。

1910 年，正当老福特将底特律的汽车工业搞得风生水起时，詹姆斯去世了。也许是这位在“汽车城”享尽荣华富贵的花花公子最后幡然悔悟，在其遗嘱中竟将可观的遗产悉数捐给了底特律市政府，希望在美丽岛公园内建一座喷泉，为市民休闲所用。但他同时提出一个要求：在喷泉旁为自己建一座真人大小的塑像。毫无疑问，这个附加条款在当时引起了极大的争议。许多底特律人反对为他塑像。当年的“汽车城”牧师威廉姆斯严肃地指出：“只有那些对人类作出有益贡献的人才配得此类塑像。”同为“汽车城”地产大亨的约瑟夫·哈迪森也愤愤不平地说道：“他一生未对底特律做任何有益的事情，连好的想法也没有。”更有人讥讽：“为他塑像？两寸半的就够了！”

捐赠的遗嘱在争论声中迟迟没有得到执行，而财产价值却在不断地攀升。10年后，新当选的市长菲利普·布来提梅耶上任。他力排众议，一锤定音：在美丽岛的南端用詹姆斯的遗产建一座宏伟的喷泉。他说道：“本市没有权利冷落她的任何一位市民如此良好的捐赠愿望。”随后，市政府开始在全美范围内征集喷泉设计方案，最终选用了曾经设计过美国最高法院的著名建筑师凯斯·继波特的方案。经过几年的努力，这座美丽的喷泉终于在1925年，也就是詹姆斯去世15年之后的一个春天落成了。当然，出于对詹姆斯的尊重，市政府在喷泉旁边为他建立了一尊座像，尺寸如真人大小。座像的底端写道：“为了市民的享受，也为家乡城市添彩，詹姆斯·斯科特先生的慷慨捐赠用于此喷泉的建造。一人捐赠，众人享用。”

我们常说，一个人做点好事并不难，难的是一辈子做好事，不做坏事。我们是不是也可以说，一个经常令人讨厌的人固然可憎，但也可以因为做了一件好事而得到人们的铭记。一个城市的胸怀和一位市民对它的热爱在这里得到了很好的诠释。

一个风和日丽的午后，我在喷泉广场上偶然看到一位练剑的黑人老者。只见他身着飘逸的中式练功服，脚蹬黑布鞋，长剑在手，英姿矫健。在蓝天白云和美丽喷泉的衬托下，老者一招一式如行云流水，散发出东方武术无限的神韵。东西方文明竟然能在万里之外的美丽岛上融合得如此丝丝入扣！我不由得上前去和老者切磋了一番，那种享受和触动让我久久不能忘怀。

在底特律风雨飘摇的岁月里，我也常常来到这里，坐在喷泉对面的椅子上享受片刻午后的安宁。远远望去，在碧绿河水的对面，那座已是通用汽车公司总部的复兴大厦傲然挺立。我想，一座城市无论经历多少起起伏伏，但在洗尽铅华之后，总有一些永恒的东西会保留下来，构成这座城市的标志和精神。看看眼前，不管是当年福特二世豪情万丈推动而建造的复兴大厦，还是眼前这位花花公子良心发现而留下的美丽喷泉，都是它的市民对这个城市浓浓情感的结晶，而一个城市的大度和宽容，也造就了这个城市的文化底蕴和强大的生命力。

底特律是坚强的，“汽车城”人民是伟大的。尽管它已从第二次工业革命的巅峰跌落，沦为历史上最大的破产之城。但它一定会重新站起来的，会以它强大的工业实力重振雄风，像这座喷泉一样喷涌不息，为人类的工业进程留下永恒和宝贵的遗产。

小岛赌场今昔

在喷泉北面不远的地方，有一片静静的小桥流水，旁边是一幢古色古香的两层楼建筑。建筑呈意大利文艺复兴风格，红瓦、淡黄色砖墙，有一排鳞次栉比的拱门，两旁有高高的亭台角楼。角楼的圆形拱门下面是一个半圆形阳台，在鲜花的簇拥下分外雅致和浪漫。走近建筑前面的标志一看，上面赫然写着“CASINO”（赌场）。1996 年，经过市民长达 10 年的辩论之后，底特律市政府才同意开放赌场。难道这座小岛上 100 年前就有了赌场？

后来我才知道，确实早在 1884 年美丽岛上就建了一幢被称为赌场的小楼。只是早年“CASINO”一词并不是赌场的专用名称，而是指休息、娱乐、社交的场所。当然在这种场所里人们免不了以打牌小赌取乐。从照片上看，当年的小楼是一幢呈安妮女王风格的木质建筑，它以典雅优美的造型成为当年美国的建筑范例，被很多地方模仿。那时底特律市民从不同的地方来到岛上相聚，无论风和日丽，还是刮风下雨，这里总是熙熙攘攘、热闹非凡。老友之间一句"赌场见"成了周末下班前常听到的寒暄。

25 年之后，原来的木质建筑日渐破败，小楼的面积也无法满足人们日益增长的需求。于是将它推倒重建的讨论被提上了议事日程。有许多市民呼吁保留

小岛上的赌场

这座传统建筑，因为它承载了人们太多的美好记忆，甚至还有人提议将原建筑搬迁到别的地方保存下来。但是对历史的眷恋终究不能阻挡发展的车轮。1908 年，老的小楼去了，取代它的就是今天我们所看到的这幢漂亮的现代化建筑。

当年的《底特律自由导报》不无伤感地写道：不仅是对底特律，甚至不仅是对密歇根，而是对全美各地成千上万的人来说，推倒美丽岛赌场小楼无疑是一个深深的遗憾，因为对太多的人来说，美好的记忆将随它而消失。

这座新建的赌场保留了原建筑的典雅，也呈现出完美的意大利文艺复兴风格。在走过了一个多世纪的风风雨雨之后，它仍然优雅地屹立在岛上。透过落地的玻璃窗不难看出当年的奢华。一楼是宽大的舞厅，大理石地面仍然光滑明亮。四周墙面上欧洲风格的装饰和高高的天花板上古朴的水晶吊灯，尽显往日辉煌。一排大理石台阶展现出优美的曲线，将一楼的华丽延伸到二楼。在二楼凭窗远眺，宽宽的河面和加拿大温莎城轮廓尽收眼底。

美丽的室内植物园

从赌场出来沿着环岛公路向北慢慢开去，在岛内河的对面，有一座玻璃圆顶建筑，在蓝天白云下格外引人瞩目，那就是安娜室内植物园。不论春夏秋冬，这里都呈现出郁郁葱葱、生机盎然的景象。

这座于 1904 年开放的植物园是美国最早的公立室内植物园。它内部分为五个区域，每个区域按不同的气候条件，种植了来自世界各地的植物，包括绿色蕨类、棕榈树、仙人掌以及众多品种的花卉。植物园中厅的容积超过 10 万立方英尺（约 2831 立方米），并有一个高达 85 英尺（约 25 米）的玻璃中央穹顶，以适应棕榈树和其他热带植物的生长。北庭有数百种仙人掌和沙漠植物，还有一个展厅从地板到天花板布满了各种蕨类植物。南庭是为儿童家庭所建，有一个由数百棵热带植物组成的热带雨林和一个小型喷泉。除了这些常年生长的植物，植物园还有一个花卉展示区，园丁们根据季节的变化摆放不同的鲜花。一年四季，尤其是春天和秋天，这里都是鲜花的世界、色彩的海洋。

和许多现代室内植物园相比，安娜植物园并不算大，但它是美国最早建成而且至今仍在开放的室内植物园。在其身后有一座古色古香的水族馆，这也是美国历史上第一座公立水族馆。水族馆内高高的弧形拱顶由数十万片水蓝色玻璃方块构成，为展厅营造出一种水下的幻境，非常独特。植物园旁还有一座莲花池，春夏季节，朵朵莲花在水中盛开。正门前方有一片开阔的英国式花园，里面种有无数的郁金香、玫瑰花。春天一到，这里色彩缤纷，争奇斗艳。

安娜植物园还以它品种丰富的兰花收藏而闻名。第二次世界大战时期，为了让英国培育的大量珍贵的兰花树种免遭纳粹的破坏，这些树种被送到了美国，其中很多辗转来到这座室内植物园。1955 年，《底特律新闻》创始人斯克里普斯的女儿安娜·斯克里普斯·惠特科姆把她一生收藏的 600 多盆珍贵兰花，悉数赠给了植物园，使它成为美国目前收藏兰花品种最多的植物园。植物园的名称也因此改为安娜植物园。

大湖博物馆中的遗憾

与安娜植物园一河之隔的地方，有一座小巧精美的现代化建筑——道森大湖博物馆。这里陈列着与大湖区以及全美水路航行有关的历史遗物，其中包括许多按比例缩小的航船模型和极富传奇色彩的船舱。虽然这是一个小型博物馆，但里面的图片和文物非常丰富，还有一些互动的展品，使参观者能在这里体验和了解大湖区的航行历史。同时，它还生动地展示了底特律地区城市建设与河流之间的相互关联和影响。毕竟，底特律这个词的原意为“海峡之间”。从地理上看，底特律河正是连接伊利湖和休伦湖的狭长河道。

走进博物馆，迎面是一个哥特式建筑风格的大厅。这原是著名的底特律Ⅲ号航船上的一间绅士休息厅。大厅的上方雕梁画栋，四周的墙壁上镶满了精美的木质装饰，美轮美奂。对面的墙壁上装有一面大大的彩色玻璃窗，图案精美，色彩斑斓。一顶古色古香的吊灯垂下，尽显当年的奢华与尊贵。从 1911 年到 1950 年，这艘航船繁忙地穿行于底特律、克利夫兰和布法罗之间的伊利湖上，兼为交通和旅游工具。据说当年的男士们很热衷于在这里度过一个缓慢的旅程。

与当下大湖区四通八达的高速公路相比，这段湖上的航程显然微不足道，甚至有些浪费之嫌。但它曾经提供的那种缓慢的生活节奏和悠闲情调却被永久地固化在这里，供今天的人们去思索：现代化的发展是不是以生活品质的退化为代价呢？

博物馆中另外一个有意义的展品是威廉·福特号航船的驾驶舱。

这座驾驶舱被停放在河边，因此当你坐在它的前窗时，能真切地感受到航行中的情景。这艘以老福特的孙子的名字命名的轮船曾经是大湖区最大的货轮。几十年如一日，它忙碌地在大湖上穿梭，为福特当年引以为豪的世界最大工业基地——鲁日工厂运送了无数的煤炭和矿石。

尤其值得一提的是，它还有一段传奇的经历被人们所铭记。在1975年11月10日那个狂风暴雨的夜晚，另一艘正航行在苏必利尔湖上的货船菲茨杰拉德号遇险，发出求救信号。已在避风港内的福特号在船长艾里克森的带领下立即出发，迎着暴风巨浪驶向出事地点。不幸搜救无果，菲茨杰拉德号沉入湖底，船员全部遇难，沉船的地点至今仍然是一个谜。

多年来，许多大湖探险者仍在孜孜不倦地努力寻找菲茨杰拉德号，像在寻找一段可歌可泣的传奇。现在，菲茨杰拉德号船使用过的船锚和福特号船的驾驶舱都陈列在大湖博物馆中，像一对同甘共苦的患难兄弟，默默地注视着对方，期待着遥远的重逢。

博物馆中还陈列着大湖区的最后一艘商用木帆船，以及当年最快的水上飞艇"百事小姐"号。更让我惊喜的是这里有一架来自美国太平洋舰队坦博尔号潜艇上的潜望镜。坦博尔号潜艇在第二次世界大战期间参加了许多对日本舰队的海战，包括具有重大战略意义的中途岛战役，击沉过多艘日本舰艇。中途岛战役是第二次世界大战中的经典战役，曾经让我非常着迷。记得当年刚到美国的时候，我曾经遍览有关它的图书和电影。在这里，你可以真切地体验一下这架潜望镜，想象当年的那些英雄是怎样通过这个看似简陋陈旧的潜望镜来发现有利战机而取得胜利的。当然我更期盼这些战争工具永远不会再用，只存放于博物馆中。

静静绽放的樱花

2015 年 4 月底，一个春光明媚的下午，我再次踏上美丽岛，在喷泉广场的周围惊喜地看到一片盛开的鲜花。原来这里有两排日本樱花树，簇簇樱花正在怒放，与小湖四周的樱花密集地连在一起，形成一片粉白色的花海，在蓝天碧水之间，芬芳吐艳，美不胜收。

以前只知道在美国首府华盛顿才能看到如此密集的樱花。每到樱花盛开的季节，那里沿湖的樱花道上总是游人如织，大家争相观赏盛开的樱花。没想到在底特律也能不期而遇这么一片茂盛的樱花海。这些樱花在小岛上静悄悄地绽放，无人打搅。其实，作为美国樱桃的主要产地，密歇根的樱花并不少见。每当春来花开之时，这里街头巷尾、房前屋后的鲜花丛中总有樱花的身影。但与密歇根樱花相比，日本樱花因优美的五瓣花型和粉嫩欲滴的颜色而具有更高的观赏性。

那么小岛上的这些日本樱花树是怎么来的呢？正疑惑之时，在路边看到了一座石碑，上面给出了答案：“这些樱花树是我们的姐妹城——日本丰田市送来的礼物。”原来 20 多年前，当这些娇嫩的日本樱花树漂洋过海来到密歇根之时，“汽车城”的人们并没有冷落它们，而是百般呵护，把它们种在了“汽车城”最珍贵的地段。

2014 年 11 月，底特律市政府在联邦政府森林局的资助下，又买下了 120 多棵日本樱花树。在一个阳光明媚的冬日，不少市民自发来

小岛上的樱花在静静地绽放

到小岛，种下了这些新的樱花树。可以期待，以后每年 4 月底、5 月初，当春回密歇根大地的时候，美丽岛上的这片樱花树会更加茂密，为底特律、为密歇根的花季增添一道更加亮丽的风景。

美丽岛的北端有一个高尔夫球场。球场面积不是很大，三面环水，绿油油的草坪缓慢起伏地伸展开来。不远处是底特律河的出河口，浩瀚的圣克烈湖依稀可见。不管是朝霞满天，还是长河落日，这些大自然的壮丽美景都常年在这里完美地展现。

在小岛的最北端还耸立着一座高高的灯塔，为进出底特律河的船只领航。细看，这座灯塔的造型非常优美别致，像一件艺术品，不同于在大湖区其他地方常常看到的那些灯塔。其实，它真的是一座艺术品灯塔，是为纪念底特律的一位杰出市民威廉·利文斯通而建的。利文斯通一生致力于发展底特律河的航运事业。他从1902年到1925年曾担任大湖区航运协会会长。1929年，底特律河流域的居民为了纪念他的杰出贡献，自发捐款在美丽岛上建成了这座纪念灯塔。

灯塔由著名建筑师阿尔伯特·卡恩设计，塔身全部由白色大理石构成，其简单流畅的线条呈现代艺术风格，许多细节处还采用了精美的古典装饰。塔高达70英尺（约21米），顶端闪动的灯光可以为远在16英里（约26千米）以外的船只导航。它是美国目前唯一的一座大理石灯塔。站在塔下向上望去，挺拔的塔身高耸入云。朵朵白云在塔尖稍事停留，略致敬意，又悠悠地向东飘去，留下一缕淡淡的遐想。静止和运动在这里天衣无缝地展现出来。

人生岂不是如此？一生若只沉湎于名利的追逐，必将在自身无法左右的功利大潮中跌宕起伏，难以得到心中的那份安宁与平静。而专注于做好自己能做的事情，以平常心做平常事，一以贯之，也会作出造福于他人的功绩而为人们所铭记。我想，这座灯塔不光是为了利文斯通，它所体现的那种人文底蕴和自然美景，也为这座美丽的小岛带来无限意义的人生思索。所谓宠辱不惊，所谓去留无意，在这里都得到了生动的体现和诠释。

赛艇俱乐部的辉煌与忧伤

密歇根以大湖之州而著称。在密歇根大地上还有众多的河流以及星罗棋布的大小湖泊，使其成为世界上水资源最为丰富的地区。不仅如此，由于天然的赐予和后天的保护，这里的水质非常纯洁干净。加上大片寂静、美丽的原始森林，近年来有“纯静密歇根”之说。

在这种得天独厚的优越自然条件下，密歇根的水上运动也十分活跃。很久以来，美丽岛上有两座游艇建筑：一个是民间组织的底特律赛艇俱乐部；另一个是私人会所——底特律游艇会。这两个地方都曾有过一段不寻常的发展历程。如今，这两幢有着独特风格的建筑仍然屹立在岛上。一幢在风雨飘摇中依然保持着华贵的姿态；另一幢却因不堪沉重的经济压力而渐渐失修破败，但它依然亮着灯光，固执地立在河边，见证着小岛的历史，也见证了过去的辉煌。

底特律赛艇俱乐部成立于 1839 年，是美国历史上第二个进行赛艇运动的民间俱乐部。1840 年，俱乐部在底特律河上开辟了一条 3 英里（约 4.8 千米）长的标准水上赛道。与此同时，剑桥大学和牛津大学在英格兰的泰晤士河道上也建成了著名的大学赛艇赛道。这两个标准赛道的建立极大地推动了赛艇运动在世界范围内的蓬勃发展。

1891 年，为满足不断扩大的需求，底特律赛艇俱乐部来到了美丽岛上安营扎寨。俱乐部的人在岛上建立了俱乐部大楼，如同岛上早期的 CASINO 大楼一样，俱乐部大楼也是一幢造型优美的木质建筑。可惜的是，在进入 20 世纪的第一个年度时，俱乐部大楼竟遭不测，毁于一场大火。那天，“汽车城”动用了它的全部救火力量也未能够挽救它。俱乐部的成员们并不气馁，发誓重建。一年后，一幢崭新的赛艇俱乐部大楼在原址拔地而起。新的大楼具有地中海风格，红瓦白墙，拱形门洞。为了防火，整栋建筑全部采用了水泥材料，使其成为美国历史上第一幢纯水泥建筑。

此后，以赛艇、划艇和帆船为主的水上运动在美国迅速普及起来，底特律赛艇俱乐部为此作出了卓越的贡献。据统计，底特律赛艇俱乐部的各个代表队在各种赛事中共获得了 54 尊奖杯，其中包括 6 个全国团体冠军、6 块奥运会银牌。目前，在美国的每一个赛艇比赛场地，都会升起底特律赛艇会蓝白相间的队旗。俱乐部周围的设施也进一步得到了改善，增添了室内游泳池以及更多更大的码头。在最鼎盛时期，俱乐部俨然成为底特律人首屈一指的娱乐、社交场所。由于其独特的设施和优美的环境，各种大型商务、娱乐活动经常在这里举办。据说，当年底特律的年轻人常常在这里通宵达旦地举办各种聚会，以至于市政府不得不下令在午夜时分关闭通往小岛的大桥。

但是，近几十年来底特律经济形势的下滑也同样影响着赛艇俱乐部的运行。公益性质的俱乐部每年 400 美元的会费不足以支撑其庞大的开支。进入 20 世纪 80 年代后，俱乐部的经济状况日益恶化。到了 1992 年，俱乐部负债累累、难以为继，不得不将大楼交由底特律市政府管理。赛艇俱乐部随后由会员投票决定迁出了小岛，无奈地结束了在岛上的各类赛艇运动。政府接手大楼后，并没有足够的资金来维护它，使得这幢历史悠久、声名显赫的建筑年久失修，日渐破败，成为岛上又一幢纪念碑式的建筑，记录着岛上赛艇运动由辉煌走向没落的历史。

底特律游艇会是一个私人会所，成立于 1868 年，是北美历史较为悠久的私人游艇会之一。游艇会和赛艇俱乐部于 1891 年同时搬到了美丽岛上。现在的会所大楼是于 1922 年重建的，由著名设计师乔治·梅森设计，呈现出典型的希腊建筑风格。会所拥有 10 万多平方米的场地，有 380 多个游艇停靠码头。尽管底特律的经济起伏波动，但它一直坚持到今天，仍然是岛上商务活动的场所。

美丽岛上最热闹的时光莫过于在岛上举办跑车大奖赛的时候。美丽岛独特的自然和历史条件，为此项赛事提供了完美的场地和空间。自从这场北美最重要的跑车赛事于 1989 年在岛上成功举办之后，这里便成为跑车大奖赛的固定场所。尤其自 2012 年以来，大奖赛每年夏天都会在岛上举办。比赛的 3 天内将有 10 多万人来到岛上。那时，赛场上五颜六色的跑车的轰鸣声和看台上此起彼伏的欢呼声交织在一起，岛上会有各类音乐表演、美食品尝活动和水上活动，热闹非凡。还会有众多的帆船撑起五颜六色的风帆绕岛而行，十分壮观。这个时候，美丽岛一扫往日的平静，以最大的热情张开双臂欢迎来自四面八方的赛车爱好者。整个小岛沉浸在一片欢乐的海洋中，犹如一场盛大的嘉年华。

小岛重生的梦想

毫无疑问，美丽岛是底特律一块当之无愧的无价之宝。"汽车城"的人们也从来没有放弃过重振美丽岛的雄心。从 1996 开始，底特律启动了制订美丽岛整体重建开发计划的工程。在完成了深入细致的调查研究之后，市政府于 2005 年正式向市民提交了一本厚厚的美丽岛整体重新整修及开发计划书。

翻开这本图文并茂的计划书，一幅美丽岛动人的远景展现在眼前。按照该计划，底特律将斥资 2 亿多美元，将美丽岛建成一个集自然、历史、休闲、运动、商业、旅游等多功能于一体的大型公园，将对岛上现有的设施和建筑进行全面整修，重新开放。同时，按照岛上的地理和历史特征，规划了 3 个大区域、30 个景点。

在岛的前端是历史区，包括大桥入口和大理石喷泉。这里的绿地将得到进一步完善，并建成一条地砖铺就的沿河走廊。走廊旁绿树成荫，鲜花簇簇。人们可以在这里休闲、散步，远眺复兴大厦及底特律美丽的天际线，还可以看到由大使桥连接的“汽车城”和加拿大的温莎市，真切地体验“一眼见两国”的独特风景。傍晚，这里又是享受长河落日醉人美景的绝佳去处。

小岛的后端是自然风光区。这里有大片茂密的原始森林、静谧的天鹅湖、弯曲的天然河流，还有原木铺就的湖边栈道、曲径通幽的林间小路以及天然植物园、动物园。那片绿茵茵的高尔夫球场已经被整修一新，在火红朝阳的涂抹下，和球场边的那座纯大理石灯塔融为一体，呈现出一幅美丽绝伦的图画。

当然，小岛的重点是中部的活动区。这里有宽阔的草坪、各类烧烤设施、蜿蜒的河流连接着的平静小湖、四季如春的植物园、英伦风格的室外大花园、生动有趣的大湖博物馆和水族馆、长长的游泳河滩及河边的水上乐园。这里有古色古香的赛艇会所、大大小小的运动场地及赛车道。这里还有多样的餐厅、咖啡厅、酒吧和大小聚会场所。无论是白天还是晚上，无论是家人休闲还是好友小聚，都可以在这里找到合适的地方。

可以想象，在不远的将来，小岛上将重现往日的欢乐与风情。白天，小岛四周有点点帆船和游艇，内湖河流上泛舟无数，运动场上生龙活虎，花园、草坪、河滩上游人如织。当夜幕降临时，酒吧和餐馆内或灯火通明，或幽幽如豆。那座大理石舞厅内的水晶灯正将灿烂的灯光洒向盛装的人们，也许一场盛大的婚礼舞会正在进行。美丽岛上的灯光和底特律市中心的灯火交相辉映，"汽车城"的夜幕一片辉煌。这不仅是梦想，而是正在逐步实现的过程当中。目前，从市中心复兴大厦到小岛桥的河畔景观走廊已经建成，沿河两岸的生态绿地也已经成形。

对于美丽岛的前景更大胆的设想莫过于一位名为洛克伍德的底特律商人所提出来的。这位生于斯、长于斯，对"汽车城"有着深厚感情的成功地产商，经过多年的研究和探索，大胆地提出了"自由美丽岛"的概念。洛克伍德先生把这个大胆设想写成了一本书——《美丽岛——底特律的重生之路》，于 2012 年出版，展示了他对美丽岛的远大抱负和宏伟蓝图。

按照书中的构想，一批对美丽岛有远大抱负的建设者于 2014 年花 10 亿美元买下小岛，然后获得当地政府和联邦政府的特许，将小岛建成一个拥有 3.5 万名居民的邦联特区。这些居民将获得特区公民身份，享受和美国其他公民不同的权利和义务。最初的 1.5 万名居民必须每人缴纳 30 万美元的小岛公民费，用于小岛的初始建设。其余的名额将由公民委员会根据小岛建设的需求逐步发放，其公民费则根据个人的情况而定，甚至可以豁免。

这个重建小岛计划的吸引人之处在于它独特的建岛理念，即独立、自由、高效、环保。独立是指整个社会体系有别于岛外，从政府构架、法律系统、金融体系到保险、医疗、教育、交通等，都试图取现有美国社会系统之精华、去其糟粕：如小政府、高效率，低税赋、零关税；如司法独立，但由专业人士陪审；如全民免费教育，采用各国先进的教学方式和内容；如提供基本医疗保障；等等。自由是指个人的财产和权利受到保障，不受政府及其他任何形式的侵犯。高效是指在社会体系和生活体系的建设和运行中最大可能地减少浪费，如只有一级政府、最小办公面积、最简单的手续办理过程以及最少的生活浪费。环保则指最大限度地保护小岛的自然环境，如岛上只允许使用环保材料，岛上不允许私家机动车，并保证充分的生态绿地等。

在小岛的建设蓝图中，主要的生活区和商业区设在小岛的中部。这里将建成一片错落有致、风格各异的摩天大楼群和其他建筑群。岛上会有一条轻便的轨道交通环岛而行。轨道交通将每天 24 小时不间断地运行，穿过岛上各个主要生活、教育、商务及休闲娱乐区域，并与岛外交通枢纽相连。岛上的居民所拥有的机动车将存放于岛外交通枢纽的停车场。岛上除了消防、医疗及其他必要的机动车辆，不允许私家汽车运行。这样，一个规划合理的现代化小岛将出现在美丽的自然风光之中。

同时，由于小岛美丽的生态环境和独特的社会体系，它将吸引部分有实力或特长的个人移居于此，甚至将其企业转到小岛上，享受各种自由贸易的优惠待遇。这样，小岛既有可能成为具有一定规模的企业总部基地，也有可能造就一个新的北美金融贸易中心。这些企业也会将其工厂或运营中心建在小岛周围的底特律地区，由此带动“汽车城”的复兴。

如果此项计划成功，这将是一场革命性的伟大实践。正因为这个设想的革命性和超前性，人们对它惊喜之余，却不抱太多的希望。但是，当年老福特们在“汽车城”不也是在一片质疑声中把美国这个新型的社会装上了轮子，使其领跑世界一个多世纪吗？

徜徉福特绿野村

电灯、飞机、汽车无疑是人类社会工业化进程中3项伟大的发明，而将这些发明背后的3位巨人——爱迪生、莱特兄弟、福特的珍贵历史遗迹保存在一处供人瞻仰，谁能做到？

老福特做到了。在他精心建造的美国历史遗产园——绿野村中，汇集了爱迪生的电灯泡实验室、莱特兄弟的老宅和自行车行、福特的老宅以及福特汽车公司的初始生产车间。

绿野村位于美国密歇根州迪尔本市。早在1919年，雄踞美国汽车工业鳌头的老福特开始整修自己的家园时，便萌生了建立美国历史遗产园的念头。他在福特汽车公司所在地迪尔本大举购置土地，为建造遗产园作准备。

10年之后，建造美国历史遗产园的时机已然成熟。1929年，老福特在建造规模宏大的室内博物馆——爱迪生学院（即今天的福特博物馆）的同时，在旁边的土地上开始建造反映美国工业及社会发展的历史村落——绿野村。通过精心布局，这座历史村落完整地展现出美国过去几个世纪的生活和生产实景，使今天的人们能够在实景中了解美国社会和工业发展的过程。

如今，占地 200 多英亩（约 0.8 平方千米）的绿野村拥有 100 多座从美国各处搬迁过来的著名原始建筑，包括住宅、实验室、工厂、作坊、农庄、商店、教堂、学校、法庭、廊桥、风车等，还有一条蒸汽火车线路在村中穿行。

走入村中，你会看到一片绿野葱茏、骏马奔腾的乡村景色。这里有流水淙淙的磨坊、绿油油的农田，有各种 20 世纪的手工作坊，还有热闹的小城街道。街道上有政府行政大厅和各种小店，还有保留着 100 多年前的原汁原味的餐馆。街角处有一座漂亮的木马转盘，那里不时地传来孩子们的欢笑声。

街上那座从英国伦敦搬来的卡通大钟按时响起。远处教堂高高的塔尖映着蓝天白云，优美的婚礼音乐袅袅，传来浓浓的爱意。村子中心绿茵茵的草坪上，几辆老爷车悠闲地停在那里，展示着往日的风采。那座饱含荷兰风情的大风车正在缓缓地转动，像是转动着的历史年轮。山坡下的河面上停靠着一艘精致的蒸汽轮船，汽笛不时地鸣响，似乎是在等待着今天的你买一张船票，登上驶向历史远方的客船。

在村中徜徉时，不经意间你就会走进老福特儿时的厨房，想象一下当年他曾经品尝过的美味。你还会驻足在莱特兄弟家的门廊下，琢磨这兄弟俩是如何产生飞天的冲动的。你还能走进爱迪生的那座举世闻名的电灯泡实验室，仔细看看他点亮生活之光的地方。你还可以坐上老福特当年的原版 T 型车，体验一下这辆大众之车的风范，细细

福特绿野村景色

品味美国汽车工业的起源和发展沧桑。

在这里，从每一个角度看过去都是一幅风景画，更是一个历史画面。选一个风和日丽的日子，从福特博物馆出来后，向左沿一条林荫道走去，不远处就是绿野村的大门。走进大门，左前方有一座小火车站，一辆蒸汽火车正在等你。你就安心地坐上这班时光列车吧，随着一声嘹亮的汽笛声，列车便徐徐启动，带你回到美国几百年的工业革命发展历史中去。

爱迪生之光

在近代人类社会发展史上，对爱迪生所作的贡献无论怎么评价都不过分。他就像那位盗火者普罗米修斯神，将光明带进了人们的日常生活。20 世纪末，爱迪生名列美国 20 世纪 100 位世纪伟人榜的榜首。

爱迪生一生拥有 1000 多项发明专利，其中为人称道的 3 项是电灯和电力系统、留声机、电影放映机。爱迪生的生活和事业起步与"汽车城"底特律息息相关，尤其是他和老福特之间亦师亦友的终身情谊，更是一段广为传颂的历史佳话。如今，这段佳话被永久地保留在了福特博物馆和绿野村中。

1847 年 2 月 11 日，爱迪生出生于俄亥俄州克利夫兰附近的米兰小镇。7 岁时，他随家人来到了位于底特律北边的休伦港，开始了读书的生活。彼时的小爱迪生天生好动，思维跳跃，注意力不能集中，成为学校里"无法清晰地思考"的问题孩子。无奈之下，小爱迪生辍学回到家里，由曾经做过老师的母亲指导他学习。

19 世纪下半叶，由于得天独厚的五大湖资源和便利的水上交通条件，大量的移民从美国东部来到底特律，逐步奠定了底特律工业革命之城的基础。很快，在爱迪生家所在地休伦港和底特律之间修起了一条 60 多英里（约 96.5 千米）长的铁路，大大促进了底特律商业活动的发展。

也许是因为不受传统学校的束缚，从少年时起爱迪生的眼光就向外界延伸。12 岁时，爱迪生便开始在往返于休伦港和底特律之间的火车上卖报，同时贩运一些农产品，收获了人生的第一桶金。随后，爱迪生创办了自己的报纸《先锋周报》。他租用了一节车厢作为编排间和印刷间，并雇用了一些报童为他在车上卖报。

火车上的事业起步后，爱迪生才有时间经常去底特律公共图书馆，如饥似渴地汲取知识的养分。大量的阅读开启了少年爱迪生异想天开的大脑，他开始在火车上做起化学实验。不幸的是，一次实验事故引起了火灾，使他早年在火车上的这段冒险经历戛然而止。

幸运的是，一位火车站站长很快将爱迪生招入麾下，使他成为一位出色的铁路电报员，从此播下了他痴迷电力的种子。几年之后，青年爱迪生决定以发明为业闯荡江湖。他辗转波士顿、纽约和华盛顿之间，开发出自动投票器和股票行情记录仪等产品，也经历过数次创业的失败。1876 年的春天，爱迪生在离纽约不远的新泽西州门罗公园市建造了被史学家称为“发明工厂”的实验室，正式开始了研究和发明的生涯，逐步走向发明创造的巅峰。

人们对发明的认识有一个发展过程。在很长一段时间内，发明是出于个人爱好，满足个人的好奇心。但是，爱迪生明确提出，发明应该是以严谨的方式进行的成功实验，并最终变成造福人类的成果的过程。在他看来，单纯的发明也许是天才的一闪念，而要将这一闪念变为可以造福人类的成果，却需要无数的实验和漫长的开发过程，这样才能真正实现发明的意义。所以，史学家说爱迪生不仅是发明家，还是发明的发明家——他发明了进行发明的正确方式。

爱迪生的门罗公园实验室

如果说爱迪生早期的发明还有很多天分和偶然性因素的话，那么从建立了门罗公园实验室之后，他在发明创造的道路上昂首阔步、一骑绝尘就是理所应当的事情了。正如他常常说的那样，天才是 1% 的灵感加上 99% 的汗水，而对此最好的写照就是爱迪生发明电灯泡的过程。

其实，爱迪生并不是电灯泡最早的发明者。早在 1854 年，美国一位名叫亨利·戈培尔的钟表匠就将一根碳化的竹丝放在真空玻璃瓶中通电发光，做出了世界上第一个电灯泡。但是这个电灯泡的寿命很短，不具备使用价值。后来曾有许多人尝试开发实用的电灯泡，但终因太难而半途而废。

爱迪生建立了门罗公园实验室之后，很快便将开发实用电灯泡作为最重要的工作。在经过了数年上千次实验失败之后，爱迪生终于在 1879 年 10 月 21 日点亮了第一盏真正具有广泛实用价值的白炽灯。随后，他又投入照明电力系统的开发中，最终将电灯照明普及千家万户。爱迪生的实用电灯诞生之地——门罗公园实验室也由此而举世闻名。

带着成功发明的电灯泡和电力系统，爱迪生回到了他少年梦想开始的地方——底特律，成立了爱迪生电气公司，并建造了底特律第一个发电厂，使底特律成为美国乃至世界较早实现电气化的城市之一。

在爱迪生出生 16 年之后，另外一位推动人类工业进程的巨人在底特律出生了，他就是后来的汽车大王亨利·福特。正是这束来自底特律的爱迪生之光点亮了少年福特的梦想。中学毕业之后，福特不顾父亲的反对，毅然走出农庄，来到底特律，投身于工业革命大潮中。他的第一份工作是从爱迪生发电厂开始的。4 年后，青年福特凭着精湛的机械技能和创新的悟性，成为爱迪生电气公司的总机械师。

受爱迪生创新精神的影响和鼓励，福特后来辞掉了待遇优厚的工作，开始了汽车产业的创新历程。他以物美价廉的 T 型车以及革命性的流水线生产方式，极大地推动了美国乃至世界汽车工业的发展，将汽车带进了千家万户。

这是历史赋予底特律的机缘——两位同是从“汽车城”走出来的巨人，以他们高瞻远瞩的胸怀和坚韧不拔的精神，开启了人类第二次工业革命的大门，从而彻底改变了人们的生活和工作方式。

20 世纪 20 年代末，为了迎接爱迪生发明电灯泡 50 周年纪念日，老福特决定在绿野村中建立永久的爱迪生纪念区域。他排除一切困难，将具有历史意义的爱迪生发明电灯泡之地——门罗公园实验室整体搬迁到了绿野村。同时搬来的还有爱迪生为员工建造的单身宿舍楼——那座历史上首次使用电力照明的楼房。同时，他将爱迪生在南部佛罗里达州度假时专用的实验室也搬到了绿野村。为了增强这片爱迪生纪念区域的历史真实感，老福特甚至将实验室原址上的大量土壤也运到了绿野村，铺在了门罗公园实验室周围。

1929 年 10 月 21 日是爱迪生发明电灯泡 50 周年纪念日。当天，在包括胡佛总统、莱特兄弟、居里夫人等 100 多位美国各界名流的见证下，老福特请爱迪生在绿野村中的门罗公园实验室内庄重地按下电钮，重现了 50 年前那个历史性的时刻。老福特曾问爱迪生：绿野村的门罗公园实验室是否和原来一样？爱迪生答道：99% 一样，仅有的不一样是这里的地面比较整洁。可见，在整个搬迁过程中，老福特展现出了对爱迪生本人的尊重和对创新发明的重视。

如今，这座见证历史的电灯泡实验室静静地立在绿野村中，向人们展示着当年爱迪生发明电灯泡的真实场景。在这里，你可以触摸爱迪生曾经坐过的座椅，可以仔细端详他曾经用过的各种实验工具和材料样品，感受 100 多年前创新发明的氛围。

T 型车之路

绿野村有一条福特 T 型车之路，以福特出生、长大的老屋为起点，经过福特制造的第一辆车的诞生地，通向福特汽车公司的初始生产车间。最后，人们还可以坐上老福特的原装 T 型车，在铺满历史的道路上驶过，亲自体验 20 世纪初告别马车时代的兴奋和豪情。

亨利·福特出生于 1863 年。和爱迪生一样，儿时的福特在底特律周边的农庄里长大，从小就展现出极强的好奇心和动手能力。爱迪生 12 岁时登上通往底特律的火车，开始了人生的梦想之路。同样，福特也是在 12 岁那年在通往底特律的路上看到了蒸汽机车，萌生了投身工业大潮的志向。当成为底特律爱迪生电气公司的总机械师后，他并没有满足于这个令人羡慕的职位，而是开始了他一生最伟大的创新：制作一辆不需要马匹拉、由机械动力驱动的四轮车。经过一段艰辛的努力，他终于在他家的储藏室里把这辆车制造了出来，并在门边凿了一个大洞，把四轮车开了出去。

回顾往事，老福特非常珍惜他开发的第一辆四轮车以及在爱迪生发电厂工作的经历，很早就将那间储藏室和发电厂搬迁到了绿野村中。如今，这间储藏室成为美国汽车发祥地的重要见证，里面陈列着那辆历史性的四轮车和各种生产工具，生动地展现了老福特当年制作四轮车的场景。储藏室的一面墙上至今还是一大一小两扇门。你很难想象当年的福特就是从这面简陋的墙里开出了他的第一辆机动车的，从而开出了一个生机勃勃的汽车时代。

在汽车工业百年历史中，福特 T 型车的出现是一个划时代的历史事件，对人类社会的发展起到了至关重要的作用。早期汽车的生产效率低下、价格昂贵，汽车只是少数富人的玩物。在农庄长大的老福特认为汽车必须走进千家万户，必须可靠、实用、价廉。

从 1906 年开始，老福特花了 2 年时间开发出了一款崭新的 T 型

福特的第一辆四轮车

车。这款车真正具备了可靠、实用、价廉的特性。它采用了很多当时的先进技术。在当时汽车售价普遍在2000美元以上的市场上，T型车的售价仅为825美元，因此掀起了购买汽车的热潮。

为了解决T型车供不应求的困境，福特开始了生产模式的创新。他推出了革命性的大规模流水线生产方式，正式拉开了大工业生产的序幕。这种大规模流水线生产方式将生产效率提高了数十倍。到了1914年，福特工厂平均不到1分钟就有1辆汽车下线，日产量超过了其他所有汽车公司日产量的总和。

也是在这一年，福特的第1000万辆T型车下线，在生产效率和市场占有率方面创造了汽车生产史上至今未能超越的奇迹。正因为如此，美国业界郑重地以福特汽车公司成立的1903年作为美国汽车工业元年。如今，福特汽车公司的初始生产车间作为美国汽车工业元年的标志耸立在绿野村口，走过那个村口，就好像跨过了一个工业时代。

莱特兄弟之翼

莱特兄弟发明飞机的故事几乎家喻户晓。20世纪30年代初，当福特听闻莱特兄弟的老宅即将出售时，立即将它买下并整体搬迁到了绿野村中，同时搬来的还有孕育莱特兄弟飞行事业的自行车行。

哥哥威尔伯·莱特于1867年出生在印第安纳州，比福特小4岁，比爱迪生小20岁。4年后，弟弟奥维尔·莱特出生。两人的童年都是在这幢老宅中度过的。早年他们的父亲外出时带回来的一个橡皮螺旋飞行玩具，在他们的心灵中播下了飞行的种子。

弟弟奥维尔在小学期间调皮捣蛋，一度被学校开除。中学之后，奥维尔开始了自己的创业历程，开办了一家印刷厂，并说服哥哥威尔伯加入。兄弟俩一道设计并制作了自己的印刷机，同时办起了自己的第一份报纸。但是，他们在办报的路上并没有走多远。随着美国社会对自行车日渐增长的喜爱，从小痴迷机械的兄弟俩于1892年创立了莱特自行车公司，开始生产和销售自有品牌的自行车。这一年，美国有关飞行的几件大事激发了兄弟俩投身航空的热情。同年5月，史密森尼学会的塞缪尔·兰利成功试飞了一架带有蒸汽动力的无人飞机模型。同年夏天，芝加哥的工程师威奥克塔夫·沙努特在密歇根湖畔试飞了多架不同类型的滑翔机。

在经营自行车行的同时，莱特兄弟开始了飞行器的研制。他们先观察鹰在空中的飞行过程，研究和思索它们起飞、升降和盘旋的原理。后来他们意识到，要完成一个可以由人操控的飞行器的设计，只观察是不够的，还必须有充分的理论研究和分析。

但从哪里寻找有关飞行的研究资源呢？

1899 年 5 月 31 日，威尔伯在妹妹凯瑟琳的小桌上写下了那封一生中最重要的信——致史密森尼学会索要航空资讯和出版物的函。正是这封信，标志着莱

莱特兄弟的老宅

特兄弟正式开启了飞机研发的历程。这张凝聚着莱特兄弟飞行梦想的小桌如今仍然摆在老宅的起居室里。

以后数年中，莱特兄弟设计出各种飞机模型，经过了近千次试飞，终于组装出了世界上第一架自有动力飞机——“飞行者一号”。1903 年 12 月 17 日是一个被历史铭记的日子。这天，莱特兄弟带着“飞行者一号”来到了北卡罗来纳州的海滩，冒着凛冽的寒风，成功地完成了人类第一次依靠飞机自身动力载人飞行的壮举，开启了人类飞天的序幕。

100 年后，一群美国的飞行员、工程师、技术人员以及飞行爱好者集聚在了一起，严格按照莱特兄弟当年的参数制作一架新的“飞行者一号”。在莱特兄弟飞行百年纪念日的当天，他们在同一片海滩上再现了人类第一次用动力飞行的场景。如今，这台百年之后的“飞行者一号”陈列在福特博物馆里，而莱特兄弟的老宅和当年的自行车行被永久地保留在了绿野村中。

人文之华

绿野村不仅保留着工业社会发展的印记，还有许多有关人文历史的珍藏。

众所周知，出版于 1828 年的《韦氏英文大词典》是美国第一部也是影响最大的一部英文词典。这部词典的编撰者诺亚·韦伯斯特出生于 1758 年，是美国教育和教科书的先驱，被称为“美国学者和教育之父”。韦伯斯特早年做过中小学教师，编撰了一系列英语学习丛书。他 1783 年出版的《蓝皮英文拼写》在很长一段时间内是美国学生学习英文的必备读物，在近百年间卖出创纪录的 1 亿多册。

进入 19 世纪之后，韦伯斯特开始编撰有 7 万多个词条的英文词典。这无疑是一项开拓性的浩大工程，耗费了他整整 26 年的时间，于 1828 年完成。在这期间，他的很多编撰工作是在位于康涅狄格州纽黑文市的住所内完成的。如今这座饱含韦伯斯特编撰艰辛的住宅位于绿野村内。在这里，人们可以感受韦伯斯特编撰大词典的场景，看看他是怎样为人类文字史创造出这部鸿篇巨制的。

在离韦伯斯特家不远的地方，有一幢绿树掩映的褐色两层小楼。这是当年的洛根县法院，是律师林肯经常光顾的地方。林肯于 1809 年出生于美国西部的一个农垦家庭。他在伊利诺伊州自学成才，成为律师。当年的林肯律师非常勤奋，不辞辛苦地办理各种案件，用法律的手段维护平民的权益。在处理法律案件的过程中，林肯善于倾听和分析，展现出公正和思路敏捷的一面，在律师界和老百姓中声名鹊起。林肯后来从政，成为美国第 16 任总统，带领美国走出南北战争，解放了黑奴，成为美国历史上唯一和华盛顿美誉度并驾齐驱的总统。

出于对林肯总统的崇敬，老福特在博物馆内和绿野村中都保留了珍贵的林肯遗迹。这座建于 1804 年的法院小楼作为绿野村的第一批建筑被老福特搬迁到村里。小楼中的法庭仍然保留着林肯当律师时期的原样。在辩论律师的席位上，你可以想象当年林肯辩论时的情形。

老福特喜欢拉小提琴，对音乐情有独钟，所以他要为绿野村寻找音乐的元素。他将目光投向了出生于 1826 年的斯蒂芬·福斯特。这位被称为"美国流行音乐之父"的作曲家一生写下了 200 多首歌曲，包括《哦！苏珊娜》《艰苦的时光再也没有》《我的肯塔基老家》等，这些歌曲至今仍脍炙人口。

斯蒂芬出生于宾夕法尼亚州的劳伦斯维尔。1934 年，当老福特知悉劳伦斯维尔有一幢据称是斯蒂芬出生的老房子要出售时，果断将这幢房子买下，整体搬迁到了绿野村。这座具有希腊风格的房屋小巧玲珑，白墙绿窗，尽显希腊复兴式建筑的古典和优雅。尽管斯蒂芬的后代指出这幢房子可能并不是斯蒂芬的出生地，真正的出生地已经被焚毁，但绿野村仍然将它作为一个小型的美国之声博物馆，以期纪念这位美国早期的伟大音乐家。

绿野村中还有许多反映美国人文历史的宝贵建筑，包括来自美国南方的种植园和黑奴的居所、“英格兰最美乡村”——科茨沃尔德地区的小民居、17 世纪的农家房屋、古朴的廊桥和美国最早的但仍可运转的大风车。

生活之趣

在大工业革命之前，欧洲传统的手工作坊遍布北美大地。这些作坊依赖传统的机械和工匠们精湛的手艺，在农业社会向工业社会过渡时期起过重要的推动作用。为了保存和展示美国的这段历史，老福特在绿野村中特意开辟了一个自由作坊区，保留了许多早期的经典作坊，包括玻璃坊、土陶坊、纺织坊、锡制品坊及印刷坊等。这些作坊内仍然保留着原始的机械和制作工艺。在这里人们可以进行现场操作，制作出各类用品，体验当年的作坊工艺。

福特绿野村里的农庄

老福特有一句名言：一脚在工业，一脚在土地上的人是最安全的。他自己正是这句名言的践行者。当他带领福特汽车公司走在大工业革命潮头的同时，也开始了一项伟大的实践——"乡村工厂"计划。他在底特律周边的乡村建立了大大小小 20 多座乡村工厂，将附近的农民招进工厂，亦工亦农，坚持了 20 多年，一直到去世。

在绿野村，有一个搬迁过来的真实农庄——凡士通农庄。这座农庄于 1828 年在俄亥俄州的哥伦比亚地区建立，经过彼得・凡士通家族几代人的传承，如今已成为绿野村的一个重要组成部分。在农庄的房屋、谷仓和田野中，你可以得到一种沉浸式体验，仿佛回到 19 世纪的农庄生活场景中。这里还有一个古老的苹果园，种有许多 19 世纪或更早期的苹果树，各种各样罕见的苹果在这里生长。

历史是人民创造的，在人民中间总会有不平凡的人物出现，犹如浩瀚星辰中的一道灿烂光亮，推动人类历史的发展。在漫长的人类历史长河中，这些伟人的生命是短暂的，但他们为人类进步所作出的杰出贡献将伴随着绿野村的这些不朽建筑而永存。

正如亨利・福特在绿野村奠基时说的那样："作为一个国家，我们依赖大众的智慧，但对那些个别或偶然的创新智慧宣扬不足。其实，他们是真正的天才，我希望绿野村能够对这些天才们的创新精神和智慧起到宣扬和传承的作用。"

所幸的是，老福特的希望在绿野村实现了。不管什么时候来到绿野村，你总能看到美国历史上的某个场景，感受某位巨人工作时的精神和气息，从而去思索自身如何为社会进步作一点贡献。

复兴大厦的沧桑

到过底特律市区的人一定会注意到市中心有一座造型独特的大厦。这座由5幢圆柱形玻璃大楼组成的建筑群，巍然耸立在底特律河畔，与加拿大的温莎市隔河相望。从温莎市回望底特律，巍峨的大厦是撑起“汽车城”天际线最为壮观的标志性建筑。

它曾经有一个响亮而令人无限遐想的名字：文艺复兴大厦。今天，它是美国通用汽车公司的总部大楼，所以又被称为通用复兴大厦。可以想象，在底特律过去几十年的艰难重建过程中，这座大厦承载了“汽车城”人民多少沉重的希望和梦想。

那么，这座大厦是怎么来的？“汽车城”真的复兴了吗？要回答这些问题，我们不得不从“汽车城”的崛起和发生在50多年前的那场惨痛的骚乱谈起。

新兴之城

从19世纪末到20世纪中期，在美国工业快速发展的大潮中，底特律从来没有缺席。不仅没有缺席，底特律还在其中引领大潮，独占鳌头。甚至可以说，美国工业的崛起是伴随着底特律的崛起而发生的。

第二次工业革命中伟大的两项革命性的发明——电气化和流水线生产方式都是在底特律率先出现的。早年，当伟大的发明家爱迪生在底特律的火车上靠卖报纸和贩运糖果赚到第一桶金时，便与底特律结下了不解之缘。当他发明了电力照明系统之后，很早就在底特律建立了电气公司，使得底特律成为美国较早拥有电力照明系统的城市之一。爱迪生的总机械师和终生挚友、伟大的工业家亨利·福特也是在底特律开始其轰轰烈烈的汽车生涯的。

福特于 1903 年在这里创建了福特汽车公司。随后，他推出了划时代的产品——T 型车。与此同时，他还开创了大批量流水线生产方式，极大地提高了劳动生产率，革命性地改变了当代工业生产的模式。电气化和流水线生产方式这两项首先在底特律出现的新生事物，后来被公认为第二次工业革命的标志。

在美国工业化蓬勃发展的时期，各路汽车豪杰齐聚底特律，在这里大显身手，将美国乃至世界的汽车工业搞得风生水起、蒸蒸日上。经过一系列的合并、整合，形成了美国汽车巨头全部集中在底特律的格局，使底特律成为名副其实的“汽车城”。

底特律的成就不胜枚举。美国汽车工业元年是以福特汽车公司成立的 1903 年算起的。底特律是美国首先铺设水泥公路、首先安装城市交通信号灯系统、首先拥有城市高速公路的城市。底特律曾经拥有世界上最大的工厂——鲁日工厂。在第二次世界大战期间，底特律地区的工厂所生产的飞机、坦克等重型武器装备24小时源源不断地被运往世界各个反法西斯战场，使这里真正成为罗斯福总统所期待的"民主国家的兵工厂"。

在工业化大潮的推动下，底特律也曾成为美国发展最快的城市和地区，其城市建设突飞猛进。早在20世纪初，底特律就有"北美的巴黎"的美誉。不仅如此，底特律也是催生美国爵士乐和蓝调音乐的重镇。发祥于"汽车城"的"魔城音乐（MOTOWN）"至今仍在音乐界占有重要的一席之地。到了20世纪50年代末，底特律市区人口数量接近200万，底特律成为美国富有的、具活力的地区之一。

骚乱之殇

然而，在"汽车城"快速发展的同时，灾难也在孕育之中。

首先，底特律在发展过程中忽视了社会结构的多元发展，使得城市在经济总量达到顶峰的同时，人口结构的两极分化也达到了顶点，导致贫富差距急剧扩大、劳资关系非常紧张。因此，底特律也是美国第一个拥有大规模工会组织的城市。其次，由于大量非洲裔劳工涌入，底特律的种族矛盾也日益严峻。劳资关系和种族关系这两大矛盾急剧恶化的症状已经显现，但当时并没有引起政府及社会各界及时的警觉和足够的重视。于是，一场人为的灾难在偶然间也是在必然之中降临到了这个曾经引领美国经济的"火车头"身上。

1967年7月23日是大湖区一个像往常一样风和日丽的周日。这天凌晨，底特律警方出动警力，强力取缔了城中第12街区和克莱尔蒙特大道交界处的一间无照经营酒吧，引起了当时在场的许多黑人的不满。警方采取了强制措施，逮捕了数十名企图反抗的黑人。

早晨来临，住在第 12 街区的黑人民众闻讯赶来，和警察发生了对峙。警方毫不示弱，强力驱赶民众，引发了民众和警方的冲突。民众向警察投掷砖头和酒瓶，警方不得不调动更多的警察前来增援，企图驱散民众。此举如火上浇油，引来了更多的黑人民众，导致冲突升级。到了 24 日晚上，冲突达到了高峰，数千名黑人突破警察形成的包围圈冲进市区。

一场大规模的骚乱开始了。这些积怨甚深的黑人民众涌上街头，推翻警车，烧抢商店，并很快将骚乱蔓延到城市东边的其他街区，使得局面完全失控。在随后的 5 天里，反抗人群烧房屋，砸警所，摧毁公共设施。“汽车城”一时碎片遍地，满目疮痍。市内的商店、银行、学校、工厂全部关闭，一座新兴的城市瘫痪了。当时的密歇根州州长乔治·罗姆尼不得不出面干涉，下令密歇根州的国民警卫队武装进入底特律。同时，他还要求当时的约翰逊总统出动武装军队开着坦克进城，平息了骚乱。在这场大规模的骚乱中，底特律付出了惨重的代价：43 人死亡（其中包括 1 名警察、1 名士兵、2 名救火队员）、467 人受伤、7000 多人被捕、2000 多座建筑和房屋被毁或受损。

这场持续 5 天的骚乱对“汽车城”的重创远不止于此。它像一枚威力无比的核弹，在底特律人的心里产生了深远的影响。首先是从骚乱中惊醒的大量白人居民开始惊恐万分地逃离底特律市区，史称“白逃现象”。这些白人居民离开得如此义无反顾——他们甚至都来不及处理自己在城市中拥有的房产。于是，在底特律市区出现了大量被遗弃的房产，有些地区甚至沦为空城。伴随而来的是市区大批的商店倒闭，经济萧条，房产价格一落千丈。这样，又不断有黑人涌入，使底特律市区的黑人比例大幅上升，很快成为大多数。

1973 年，底特律首位由福特生产线上走出来的黑人市长科尔曼·杨上任。他信誓旦旦要引领底特律的复兴。但，复兴之路在哪里？

福特二世

底特律的迅速衰落引起了福特汽车公司董事长福特二世的极大不安。这场骚乱让这位在"汽车城"长大的福特传人十分震惊和沮丧。尽管福特汽车公司由于不在底特律市区而没有受到太大的波及，但他和老福特一样，在重大挫折面前总有一种迎难而上、时不我待的使命感。

1971 年，福特二世出面广邀"汽车城"的商业巨贾和其他社会人士，成立了一个名为"底特律复兴中心"的非营利组织，并亲自挂帅上阵，为重振底特律摇旗呐喊。雄心勃勃的福特二世启动的第一个项目就是要在市中心的河边开发一个当时最大的私人项目，想以此推动底特律的复兴。地址选定了，做什么呢？

福特二世想起了不久前的一次亚特兰大之行。他对在那里看到的在美国刚刚出现的大型多功能联合体——桃树中心大厦产生了极大的兴趣。于是，他邀请桃树中心大厦的设计师兼开发商小约翰·波特曼来为"汽车城"出谋划策。

福特二世首先想到的是如何将那些逃离市中心的市民吸引回来。那时市中心的治安很差，急需在那里建立一个安全和方便的工作及生活环境。在福特二世的推动下，波特曼为底特律设计了这座当时在美国独一无二的、将酒店和商业写字楼合为一体的超大型多功能建筑群。波特曼当时的理念是：你不能只号召人们来市中心，你要使他们自己想来市中心。而这个独特的超大型多功能建筑群就是他们想来的理由。显然，波特曼的理念与福特二世的不谋而合。

于是，福特二世积极奔走，提出了建设这个超大型多功能建筑群的商业计划，并得到了当时市政府和市议会的一致赞同。很快，这项由福特公司提供初始资金、预算 5 亿美元的计划开始实施。复兴大厦的建设于 1973 年正式破土动工了。

“城中之城”

历时近 4 年，复兴大厦的一期工程于 1977 年全部完成。那年，复兴大厦的横空出世惊艳了“汽车城”。

整个建筑群完全由深蓝色的玻璃覆盖。几座圆柱形玻璃大厦高高耸起，冲破云天，和市中心其他那些古老的哥特式、巴洛克风格的建筑形成鲜明的对比，尽显现代气息。大厦中心 73 层高的楼是威斯汀酒店。它拥有 1200 多间房间，是当年世界上最高的单一摩天大楼酒店。顶端的 3 层为一个豪华的旋转餐厅——顶峰餐厅。在这里，你可以 360 度欣赏美国和加拿大的无限风光。

威斯汀酒店和周围 4 座 39 层高的玻璃大厦内部相连，有宽敞和

朝阳中的底特律复兴大厦

丰富多彩的商务及生活空间。里面有甲级写字楼和各类精品商店，还有酒吧、餐厅、银行、剧院等各种生活和休闲设施。大厦甚至拥有单独的邮政编码和警察分局。那时人们形象地将复兴大厦称为底特律的"城中之城"。

1980 年，这座崛起的大厦迎来了历史上的高光时刻。当年美国大选，共和党将全国代表大会选在了复兴大厦举办。那年夏季的几天里，共和党热门候选人里根的旋风吹到了底特律，吹进了复兴大厦。里根夫妇和前总统福特夫妇双双下榻于复兴大厦威斯汀酒店，使这座刚出现不久的“城中之城”在全国的媒体面前惊艳亮相，风光无限。

通往底特律市中心最方便的道路是 10 号高速公路，公路的尽头是著名的世界汽车技术大会会场——科博中心。20 世纪 80 年代末，我第一次来到底特律市中心。记得当车沿着 10 号高速公路从科博中心底下的通道穿出时，我抬头一看，复兴大厦高耸的身影陡然迎面扑来，如排山倒海，十分震撼。大厦里面更是别有洞天。位于中部的威斯汀酒店富丽堂皇，酒店的四周围绕着小桥流水，充足的阳光从宽大的玻璃天窗里尽情地泻下，在茂盛的植物丛中洒下点点斑驳。找一把邻水的椅子坐下，来一杯咖啡，你可以忽略“汽车城”的衰败，享受一会儿清静。和酒店相连的商业中心里，各类精品商店星罗棋布、琳琅满目。悠然地穿行在犹如迷宫的商业空间里时，全然没有走在外面街道上的那种紧张的感觉。

1987 年，一条连接复兴大厦的轻型高空轨道交通线——人民列车在市中心开始运行。记得当年，坐人民列车、游复兴大厦是接待来“汽车城”的朋友必不可少的游览项目。

大厦易手

1977 年夏天，福特二世在复兴大厦的启用仪式上曾经豪迈地预言：“底特律正走在触底反弹的路上。”在随后的 2 年里，复兴大厦的建成确实带动了市中心商业活动的繁荣，使得市中心的餐厅数量和写字楼租用率都有所增加，周围的房价也开始上扬。

然而，这种短暂的反弹并没有持续多久。底特律的复兴之路远没有它的建设者们所期望的那么快速和平顺。一座大厦的建成，并不能阻挡美国汽车工业在严峻的竞争环境面前日益下滑的现实，更没能挽救底特律日益衰败的命运。社会学家和建筑学家开始反思建这座大厦的得失。

作为底特律城市规划负责人之一的查尔斯·布莱辛一针见血地指出：“复兴大厦没有融入市中心的周围环境，与城市现有的面貌格格不入。”建筑评论家保罗·戈德伯格也附和道：“这座大厦孤立地存在着，没能与周围的环境相融合，但与环境融合正是一座建筑要想取得成功的必要条件。”

不仅如此，彼时大厦的建设者们还千方百计地将大厦与周围的环境隔离开来。正如社会学家、城市学者威廉·怀特所说：“从形式上而言，这座超级建筑实际上是将郊区的购物中心移植到了市中心，且引入了复杂的警卫和预警系统以及明显的门卫设计。”他形象地说道，“复兴大厦冷冷地面对着底特律，一个巨大的混凝土平台横亘在复兴大厦的入口处，好像在昭示路人：你害怕底特律了？那就进来吧，这里是一个安全的地方。”

复兴大厦的设计者波特曼的解释也印证了这类批评。他说：“我第一次来底特律时，在酒店被告知不要在街上走动。如果要离开酒店，必须打车往返。这就是我开始建造大厦时的状况。为了改变这一切，我必须给人们创造让他们觉得安全的环境。”

不管从商业角度看，还是从城市建筑角度看，在两桥（连接加拿大的大使桥和连接美丽岛的麦克阿瑟大桥）之间的底特律河沿岸都是

“汽车城”最珍贵、最具有商业价值的地段。难怪当年“汽车城”开放赌场的时候，美国的各大赌场纷纷计划将赌场的位置放在这个地段。幸好当时市议会在市民的压力下否决了所有在河边建赌场的提案，才保全了这个地段商业和生活氛围的纯净。

复兴大厦就位于这个黄金河岸的中部。遗憾的是，从大厦建成到20 世纪末的这段时间里，复兴大厦像一个孤独的巨人一样立在底特律河边。它傲慢地也很无奈地看着脚下这片黄金河岸被一片凌乱的停车场所占用。在不远的河边，还有一座曾经辉煌但被关闭多年的福特大剧院。由于年久失修，剧院显得破败不堪，周围一片荒芜。

从大厦建成开始，福特汽车公司就是大厦坚定的支持者。福特汽车公司将最重要的财务部门和市场开发部门都放在了大厦里。1987 年，福特二世去世了，随他而去的还有福特汽车公司对大厦一贯支持的热情。到了 20 世纪 90 年代中期，由于汽车市场份额的滑落和财务的压力，福特汽车公司萌生了撤离复兴大厦的念头。消息传出，震惊了“汽车城”。时任市长丹尼斯·阿彻不敢怠慢，立即和州政府联手，经过了一系列跌宕起伏、置换腾挪的运作，终于引来同在底特律的另一个汽车巨头——通用汽车公司接盘。通用汽车公司于 1996 年以区区 7300 万美元的价格盘下了这座造价近 4 亿美元的大厦。从此，福特的一页结束，大厦新的篇章开始。

福特二世一生敢作敢为、生性好强，也许他做梦也没有想到，自己晚年为“汽车城”呕心沥血的大手笔，竟然在他离开后不到 10 年就落到了长期的竞争对手通用汽车公司手里。若在天有灵，他会后悔吗？

通用篇章

不会，福特二世是不会后悔的。不仅不后悔，他一定会庆幸复兴大厦落到了通用汽车这样一个有抱负、有责任感的公司手上。尽管通用汽车公司当时也面临着汽车市场份额下滑的困境，但它还是美国最大的企业。在买下复兴大厦的同时，通用汽车公司郑重承诺将投入和当初建造大厦同样的预算——5 亿美元来进一步改善这座"城中之城"及其周边市区的环境。

说到做到。在通用汽车公司总部进驻复兴大厦之后的 10 年间，通用汽车公司实实在在地投入了 5 亿美元用于大厦的翻新和周边环境的改进。首先是拆除了所有横亘在大厦周围的水泥隔断，让大厦和周围环境连通起来。然后将以前厚厚的墙壁改成玻璃幕墙，配以两扇玻璃大门，使其内部一目了然，和周围融为一体。在面对杰弗逊大道的主进口处修了一条半圆形的车道，像是张开的手臂，欢迎"汽车城"的人们到来。

为了改进内部像迷宫一样的交通结构，大厦的各个区域被涂上了不同的颜色以示区别。同时，为了方便各个区域的交通，在大厦的 3 层修建了一个四通八达的环形玻璃走廊。走廊的地面是泛着浅绿色圆润光泽的厚实玻璃，扶手的玻璃墙面晶莹剔透，一派新颖和时尚，烘托出一种静美的环境。大厦的底层还建了通用汽车的展厅，每天都有 30 多款新老车型在这里展示。

在大厦面对河的一面修建了一座宽阔的室内冬天花园，为度过密歇根漫长冬天的人们提供了一个绝好的休闲空间。在三面墙壁和天幕都是晶莹玻璃的大厅里，一年四季都能享受到密歇根灿烂的阳光和底特律河面上的旖旎风光。到了冬天，外面的冰天雪地映衬着内部两排来自南国的高高的棕榈树，有着别样的风情和享受。

在改造大厦的同时，通用汽车公司对周边环境的改善投入了大量的资金。在搬走了沿河凌乱的停车场之后，通用汽车公司践行了对市政府的承诺，在这里开辟了一个休闲广场和沿河的景观休闲走廊。广场显得时尚别致，地面镶有一幅大大的世界地图。地图上世界各国主要都市的位置上都装有射灯，在夜幕下闪闪烁烁，引人入胜。

广场上有一片呈几何图形排列的水柱喷泉。每到夏天，这里都是儿童戏水的乐园。沿河的景观走廊和城市连成一体，旁边的密歇根码头也已经竣工，常年停靠着底特律公主号游船。夏天周末的晚上，广场上时常会举办露天音乐会。不管是白天还是晚上，底特律河边游人如织的景象重现“汽车城”。那座年久失修的福特大剧院已经被拆除，建成的绿地和市中心的哈特广场相连。每到夏末劳工节，全美爵士音乐节就在这里举办。那时，来自世界各地的爵士乐队和大师们会齐聚“汽车城”，在以复兴大厦为背景的 4 个舞台上轮番献艺。

沉浸在爵士音乐节像嘉年华一样热闹的氛围中，想想许多年前在这里看到的荒凉和没落景象，我心里感慨万千。一座城的兴衰在历史长河中只是流星般的一瞬间，但这里所发生过的和正在发生的一切，不正像一个生动的历史课堂吗？我们可以从正、反两个方面去探讨和思索社会与经济、人与自然之间的和谐互动对人类的发展到底有多重要。

底特律河边的水柱喷泉

傍晚时分，远眺"汽车城"灯火通明的天际线，复兴大厦傲然挺立。大厦顶端"通用汽车"蓝色的荧光大字熠熠生辉，仿佛昭示着通用汽车公司的自信和"汽车城"复兴的未来。

走向复兴

在经历了痛苦的破产过程之后，底特律人终于明白，"汽车城"的振兴最终还是要靠自己的付出和努力。2013 年，以黑人为大多数的"汽车城"第一次选出了白人市长，显示出种族关系的好转和人们对未来的美好期盼。2014 年，这位刚上任的市长就带领“汽车城”走出了破产阴影，稳步走向复兴之路。

站在复兴大厦的顶端向四周眺望。北边那座麦克阿瑟大桥像一条银链一样通向“汽车城”美丽岛。这座小岛正在人们的呵护下渐渐重现往日的光彩。南边那座连接两个国家的大使桥在风雨过后仍然展现着英姿。不久的将来，它将迎来另一座姊妹大桥，以满足“汽车城”和加拿大之间日益增长的经济贸易需求。大厦东边的脚下是宽阔美丽的底特律河。碧绿的河水像一条流动的翡翠，舞动着优美的身姿，风情无限地向远方伸展。向西，几条饱经美国汽车工业兴衰风雨的大道——密歇根大道、伍德瓦得大道、杰弗逊大道、大河大道，笔直地伸向远方，伸向“汽车城”欣欣向荣的远郊和广袤壮丽的北密歇根大地。

不远处，底特律棒球队——老虎队的主场和橄榄球队——狮子队的主场并肩而立、展现雄姿。那里还有“汽车城”另一位体育明星即底特律冰球队——红翼队的主场。每当举办体育赛事时，市中心便会成为欢乐人群的海洋。旁边相邻的百老汇街区、各大剧院和音乐厅整修一新，时尚餐厅和酒吧也逐渐多了起来。入夜，这里不再是一片漆黑，而是灯火摇曳、人影憧憧。

位于市中心的战神广场经过重建之后，成为市区内又一个极具活力的休闲活动中心。广场上建有中央绿地和喷泉。春暖花开的季节，这里还会出现一片人工沙滩，在附近上班的人们在工作之余，可以在这里把脚放在沙滩上，听着音乐，喝一杯咖啡，享受片刻的轻松。到了白雪皑皑的冬天，这里又变成一座溜冰场。周围缤纷的圣诞彩灯和

在复兴大厦前举办的音乐节

熙熙攘攘的冰舞人群装点着“汽车城”的节日气氛。

所有的这些都源于复兴大厦周围的商业活动正在从没落中复苏，稳步走向繁荣。自从几年前康普威和几家快捷贷款公司将总部搬到市中心、向复兴大厦靠拢之后，一批制造、研发和服务公司也开始陆续进驻底特律，在市中心落户。而复兴大厦正像它的名字那样，注定要成为“汽车城”的一个符号、一个象征。不管是风雨飘摇，还是风和日丽；无论是朝霞满天，还是长河落日，它都高高地耸立在河边，见证着这座伟大城市的兴衰，记录下“汽车城”底特律从没落走向复兴的不平凡历程。

野马奔腾

这是一部经典，也是一个传奇。

这是一辆为大众而生、为大众所热爱的跑车。

它如同 66 号公路和猫王那样，已经成为美国文化的一种象征。

北美大地上的那种自由奔放和桀骜不驯的精神在它身上表现得淋漓尽致。

它存在的意义早已超越了一辆汽车的范畴——它是一种可以唤起民族自豪感的图腾。

这些赞美之词在过去 50 多年来经常反复地被媒体用来描述一辆美国汽车，这本身就是一个传奇。如果你对美国汽车有所了解，那你一定听过这辆车的名字。它，就是来自百年福特汽车公司的跑车——福特野马。

邂逅野马

迪尔本市位于“汽车城”底特律西郊，是福特汽车公司的所在地，也是老福特曾经的家园。20世纪初，这里孕育了改变美国乃至世界汽车工业格局的T型车和革命性的流水线生产方式，因而被史学家称为美国汽车工业的发祥地。在迪尔本有4处著名的汽车历史文化名胜：福特庄园、福特博物馆、福特绿野村以及汽车名人堂。

很多年前，我来到密歇根之后不久就参观了福特博物馆。

博物馆里陈列着许多不同发展时期的经典名车，如老福特最早发明的那辆四轮车和使他扬名立万的T型车。这些经典名车按照诞生时间先后顺序排列，如

福特博物馆珍藏的第一台下线的福特野马车

同一部活生生的汽车工业发展史。

当我沿着由这些名车组成的汽车进化时间轴走完一圈后，注意到在不远的展厅中央有 2 辆汽车被特别地圈了起来。这 2 辆车在射灯的照耀下熠熠生辉，引人注目。走近一看，是 2 辆敞篷跑车，其造型简单时尚，有一个明显的特征是前盖较长，看起来生动别致。旁边的解说牌上有一行醒目的标题：寻找心中的甜蜜点。

这辆车能带来什么甜蜜点？带着这样的好奇心，我记住了这 2 辆车的名字——福特野马，也记住了那个扬蹄飞奔的野马车标。后来我在学校、在公司、在各种停车场上经常会看到各种不同的野马车，车主也来自各行各业。校长的座驾是野马，公司总裁也驾驶野马；教授开野马，学生也开野马，甚至学校的技工也开着一辆黄色的野马，醒目而张扬。

难道这是所有人的野马？

在美国各类赛车场和经典车展上，尤其是底特律每年一度的汽车梦幻巡游展上，野马汽车总是引人注目。野马俱乐部和野马嘉年华遍布美国各地。在以汽车文化见长的北美大地，众多的野马奔腾不息，组成了一道道亮丽的汽车风景线。

这是怎样的野马？又有着怎样的故事？

爱德赛之痛

第二次世界大战后的美国经历了一段经济复苏、欣欣向荣的时期，出现了战后“婴儿潮”。到了 20 世纪 60 年代，这一代年轻人逐渐成为汽车消费的主体。他们的风格和喜好与经历过大萧条和战争时期的父辈们大相径庭。敏锐的汽车制造商很早就闻到了这种市场变革的气息，从20世纪50年代中期就开始布局，以迎接汽车市场消费主体的改变所带来的挑战。通用汽车公司加大了对高端车型雪弗兰科尔维特的改进和投入，采用了玻璃纤维新材料和高性能的新发动机。福特汽车公司不敢怠慢，在20世纪50年代中期推出了中高端的雷鸟车型和紧凑的猎鹰车型，这些车型都从过去的古典风格向现代时尚风格转变，以期吸引新生代汽车消费族。

但是，正当福特汽车公司以一种自信的姿态迎接市场变革挑战的时候，却在一个重要项目上犯了大错。这就是福特二世亲自主导开发的、以其父亲名字命名的爱德赛车型。

20世纪50年代中期，福特汽车公司为了提高其市场竞争力，雄心勃勃地在现有完备的产品线上增加了一个新的部门——爱德赛事业部。福特汽车公司高层，尤其是刚愎自用的福特二世，对以其父亲名字命名的这个品牌十分看重。他不顾在这个细分市场上的汽车品种已经饱和、产品定位还欠清晰的现状，力排众议批准了爱德赛品牌下的多个车型的开发，并投入巨资，立志要创造一款出类拔萃的新车型引领市场。

当有人质疑此车型的潜在用户不足时，福特二世坚信：只要有好车，用户是可以开发出来的。在那段时间，福特二世踌躇满志，还请了他的2位弟弟帐前挂帅：由本森·福特和比尔·福特分别掌控福特的林肯和大陆两个高端汽车事业部。他想以此豪华的管理阵容和雄厚的资金，将福特汽车公司在市场大变革的风浪中带上一个新的台阶，像其祖父那样在汽车领域再展宏图。

2 年之后，福特汽车公司为爱德赛车型投入市场进行了广泛的宣传。福特汽车公司还特意制作了广受欢迎的电视节目《爱德赛秀》，以配合这个品牌的建立。然而，当这个车型在 1957 年出现在大众面前时，却并没有引起福特高层所期望的那种轰动，反而更多的是失望。

从表面来看，爱德赛车型率先采用了许多创新技术，如油表警示灯、按钮式变速系统、更加人性化的车载控制系统以及更多的安全附件等，在外形的设计上也下了很大的功夫，如前脸的造型别出心裁，将中间的格栅独立竖起来，与两边的车灯对应，给人一种豪华大气的感觉，像机翼一样的后端承袭了那个时期美国豪华车惯用的经典元素。

可是，爱赛德车型为什么远远没有达到福特汽车公司的市场预期呢？原因很多，但归根结底有重要的两条。一是定位的错误。在美国汽车工业界有一个说法：你的车想热卖吗？卖给中产阶级！这款中级轿车的目标客户的确是中产阶级家庭。但在 20 世纪 50 年代后期，这个群体对价格还是十分敏感的。爱德赛车型 3500 美元的价格对于那时习惯于花费 2500 美元买车的中产阶级用户来说吸引力不大，那些增加的创新技术和复古奢华的造型不足以吸引这批目标客户为其买单。二是面对大众的中级轿车市场已经有众多的畅销车型，如通用的别克、雪弗兰以及福特自己的水星系列，没有更多的市场空间可以容纳新的品牌。

爱德赛车型第一年的销量不到预想的一半。2 年后的 1959 年 11 月，在累计售出仅 8.4 万辆爱德赛汽车之后，福特汽车公司不得不忍

福特爱德赛车型

痛中止了这个车型，并撤销了爱德赛事业部。为此，福特汽车公司付出了惨痛的代价。经济上，福特汽车公司损失了高达 3.5 亿美元（相当于现在的 11 亿美元）的真金白银，股票也大幅跳水。人事上，福特汽车公司的管理层也遭受了重大损失。两位爱德赛事业部的主要高管，一位早早退休，另一位在离开福特汽车公司后不久就因病去世。受这个车型失败的牵连，福特二世的两位弟弟也黯然地离开了福特汽车公司。

爱德赛车型的失败是福特汽车公司历史上的一个永久的教训。这个失败又一次验证了一个现实，即要在汽车市场取得成功，最重要的因素是找准产品定位。不管你有多么大的雄心和梦想，不管你有多么雄厚的资金，也不管你有多么豪华的团队，一旦产品定位错了，在市场经济环境下就注定失败。

那么，怎样才能做到定位准确？野马的诞生过程给出了一个答案。

艾科卡的菲尔兰小组

1956 年夏天，曾经的福特工程师、20 世纪 40 年代末离开迪尔本到东部闯天下的李·艾科卡带着“销售之神”的名号又回到了福特汽车公司总部。3 年之后，艾科卡被委以重任，出任福特汽车公司副总裁兼福特事业部总经理。

此时的福特汽车公司正在努力走出爱德赛车型失败的阴影，而面对的市场是在战后“婴儿潮”中出生的 7000 万名正在进入汽车消费领域的年轻人，福特汽车公司现有的车型显然不能满足这些青春好动的年轻人。

在漫长的职业生涯中，艾科卡牢记他的前任的一条忠告：如果不能把你的想法用 25 个字写出来，那就一定不是一个好想法。于是，他养成了随身携带小记事本的习惯，随时随地将闪过的想法记下来。有一天，他在本子上写道：某个地方一定有一个市场在寻找一辆好车。这句话后来变为汽车行业的经典名言：从来不是车找市场，而是市场找车。问题是，这个饥渴的市场在哪里？

那段时间，有一个想法在艾科卡的脑海中徘徊：是否要推出一款运动车型？为了证实这个想法可行，他亲自挑选并组建了一个智囊团，其成员来自市场分析、造型设计、工程开发、生产计划、制造以及销售服务等各个部门。这个后来被称为菲尔兰小组的团队每周定时在总部之外的一间牛排店里见面，在一种宽松、随意的环境下敞开讨论，集思广益。他们要确定两件事：一是在不远的将来是否有一个新的汽车市场需要填补？二是如果有，车型开发和生产计划如何？来自市场调查部门的成员汇总了大量的调查材料，报告说 20 世纪 60 年代的汽车市场一半将由 18 岁至 34 岁的人群主导。这类人群追求简单时尚，期待的汽车要兼有雷鸟那样的时尚风格和法拉利那样的跑车性能，同时要像大众车一样经济实惠。

"但这样的车是不会存在的。"艾科卡开始有些怀疑地说道。小组的调查结果进一步显示，进入 20 世纪 60 年代之后，由于经济的发展和家庭收入的提高，美国的中产阶级拥有第 2 辆车甚至第 3 辆车的需求增加，尤其是年轻人和女性对新车的需求更加迫切。同时，新车一族的学历更高。这些人对车的要求已经从单纯的交通工具变为更加注重汽车的风格和品位。他们需要一款个性化的、有品位的汽车，而且愿意为自己喜欢的风格和品位买单。

这样，菲尔兰小组在牛排桌上经过了长达 14 周的反复讨论之后，逐渐达成了一个共识：目前美国汽车市场确实需要一款面向大众的运动型轿车，或称轿跑车。这辆车应该兼具现代时尚的外形和跟跑车一样的动力驾驶性能，同时能量产，以适应广大中产阶级家庭的消费水平。这个车型应该具备较多的配置选项，以满足较广泛人群的需求。

经过生产和销售部门的仔细测算，菲尔兰小组尤其是艾科卡本人坚定地相信：这样的车是可以造出来的。正是菲尔兰小组的共识和信心奠定了野马车诞生的坚实基础。

野马诞生

共识达成之后，艾科卡说干就干，马上组织力量开始对这款新型跑车的概念进行设计和开发。经过 2 年的不断尝试，1962 年初确定了这个车型的定位和具体参数。它是一款拥有时尚外观、价格适中的跑车，长度不超过 180 英寸（约 4.5 米）、重量不超过 1500 磅（约 0.68 吨）、价格不能超过当时的 2500 美元，动力性能方面可以搭载六缸或八缸发动机，车身分为两座和四座、敞篷和硬顶，而且从外形到内饰，从动力系统到排放系统，有尽可能多的样式和部件可供用户选择。

车型定义好了，名字呢？设计人员在参考了许多选项后，确定了“野马”这个名字。这其中主要有两个原因：一是第二次世界大战期间，美国的野马式战斗机曾翱翔天空，战绩辉煌，受人尊敬。二是野马本身所展现的那种自由奔放、桀骜不驯的性格很适合美国大众所推崇的精神，尤其适合以自由和张扬为特征的 20 世纪 60 年代的美国年轻人的追求。野马出世的时间也确定下来了：1964 年 4 月 17 日——美国纽约世界博览会开幕的当天。

量产野马项目万事俱备，但仍欠东风：福特二世的批准。受爱德赛车型失败的打击，福特二世在那段时间趋于保守，对任何新的尝试都不看好。当艾科卡将其团队精心准备的野马计划书提交给福特二世的时候，他一口拒绝。"你难道忘了爱德赛车型的教训吗？"但艾科卡志在必得，一次次坚定地要求福特二世批准野马项目。经过艾科卡多次努力，福特二世终于批准了这个项目，但将项目所要求的经费砍掉了近 1/3。

此时的艾科卡凭着菲尔兰小组所积攒起来的底气，信心十足地投入野马项目的开发之中。艾科卡集中了福特汽车公司最好的造型师为野马造型。但直到夏天，设计人员做出的无数草图都不能令他满意。到了 7 月下旬，艾科卡坐不住了，严令造型部门的 3 个顶尖设计师带领 3 个团队进行一项设计竞赛：每个小组在 3 周内必须拿出至少一个设计模型来参加比赛，冠军就是最终的野马车型。这看起来像是一个不可能的任务，但造型设计人员的积极性被极大地调动了起来。3 个小组经过几周不眠不休的工作，终于在 3 周内做出了 7 个可供选择的模型。

据造型师盖尔·黑尔德曼回忆，那段时间他几乎全部的时间都花在了野马的造型设计上。直到第 2 个周末的一个晚上，他灵感乍现，工作到深夜完成了 5 张造型草图。第 2 天，他的团队选定了其中一个设计图开始紧张地加工油泥模型。正是这个模型在竞赛日荣幸地成为冠军。艾科卡也承认，当他走进摆放着 7 个模型的展厅时，第一眼就被盖尔的模型所吸引。这个模型的线条硬朗、简单、时尚，有充分的现代感。同时，加长的前盖和沉稳的后厢完美地结合在一起，展现了与众不同的大气和强悍，在众多的同类车型中脱颖而出。

造型和名字都确定下来之后，内饰和工程开发就紧张而有序地开展起来了。为了尽可能地避免市场需求偏差，工程师在工程开发的

第一代福特野马车

每一个环节都会找一些潜在的客户来做评估调查。在最后的测试阶段，野马研发小组一次性请来了住在底特律附近的 52 对夫妇到现场参观，了解他们的反馈意见。结果令人倍受鼓舞：所有的人都表示要买这辆新车。

1964 年的 3 月 9 日，第一辆野马车下线。为了配合 4 月 17 日纽约世界博览会上的正式发布，福特汽车公司随后加紧生产了 8000 多辆野马跑车，以保证发布当天每一个福特经销商都有野马车型展示。同时，福特汽车公司开始大张旗鼓地对野马车型进行市场宣传。在野马车型发布的前 4 天，福特汽车公司邀请了 100 多名新闻记者乘坐 70 辆野马车从纽约一直到迪尔本。经过近 1000 英里（约 1609 千米）的长途跋涉，70 辆野马车没有出现任何问题。不仅没有问题，车队一路风光无限，博得了许多羡慕和赞许的眼光。

于是，新闻界对野马车的出世给予了极大的关注，在全美几百家报纸和杂志的显要位置刊登了大量针对野马车型的宣传文字和图片。不仅如此，纽约世界博览会开幕的当天，艾科卡还在全美 2000 多家主要报纸上刊登了全页广告。广告上是一辆漂亮白色野马跑车和一对青春靓丽的年轻夫妇，边上有一句简单的话：出乎意料就在今天。福特汽车公司甚至还将一台野马车拆解后运到纽约帝国大厦顶端的观光平台上再组装起来，让这辆野马车成为世界上唯一一辆能够登上帝国大厦顶端的汽车。这样，当野马车在纽约世界博览会上正式精彩亮相之后，引起了汽车市场上的一阵野马旋风。

一辆好车加上有效的市场营销手段，使得野马车获得了极大的成功。那个周末，人们几乎蜂拥而至，每个野马经销商那里都人满为患。野马车上市的第一天，订单数就达到了 2 万多辆，第一年就卖出了 40 多万辆。不到 20 个月，野马车销量就达到了 100 万辆。福特汽车公司再次登上美国汽车产销两旺的顶峰，举世瞩目。媒体对热销的野马车也是好评如潮。很快，美国最重要的两本新闻杂志《时代周刊》和《新闻周刊》同时将野马车作为封面。《汽车生活》杂志更是直白地宣称：一辆市场所寻找的好车终于来了！

50 多年的辉煌

从 1964 年出世那天起，福特野马车连续 50 多年被不间断地生产，在美国售出了近 1000 万辆，创造了美国跑车市场上一个难以企及的纪录。

尽管在跌宕起伏的市场变化中，福特野马车也曾有过闪失，也曾走过样，但福特汽车公司都能及时地纠偏，回到正确的轨道上，使野马车在美国跑车市场上一直保持着领先的地位。在过去的 50 多年中，野马车先后经历了 6 代车型的变更，而属于野马车的一些经典元素始终被保留着，使得这匹“野马”在北美众多的汽车当中保持着鲜明的独立风格。它那加长的引擎盖和上面的两条折线，以及前端黑色格栅中间的那个银色镀铬奔马车标，生动地展现了野马身上的那种狂野奔放的气势。车身侧面简洁时尚，一条梯形的凹线从前翼子板直贯后翼子板，硬朗而干练，将整体的动感十足地展露了出来。从后面看去，三排竖柱形尾灯尽显沉稳和自信。

量产的野马车有两座、四座、敞篷等车型，加上那些限量版高性能配置的野马车以及大量的配件和样式，为广大用户提供了多种选择。不管是在日常生活中，还是在争强斗胜的赛车场上，提起美国的性能车（或称肌肉车），第一款就非野马莫属。

福特野马车更重要的意义在于它大大推动了美国汽车文化的发展。人们看车的眼光开始超越交通工具本身，进入了更深的层次。大众在选择汽车的时候，不仅要求它有好的品质，更要求它有好的品位。追求品位，希望从车上找到自己情感中的某种共鸣已成为汽车消费中的一个重要因素。

在美国有一种说法：一辆好的汽车应该是车主的情人。野马车的那种奔放、经典又亲民的特点，以及它大量可供选择的外观和功能，为广泛的人群提供了找到自己甜蜜点的可能性，也较为容易地和他们的某种情感相吻合。作为运动型跑车的野马在美国有众多的拥趸，50多年长盛不衰就是明证。

由于野马车的存在，美国出现了许多和汽车有关的生活场景。爸爸送给刚成年的孩子的一份重要礼物可能就是一辆基础配置、颜色活泼的可爱野马车，也被称为小马驹。这匹小马驹可能会成为父子之间一生的重要纽带，也可能成为孩子永久的伙伴而被代代相传下去。孩子为勤劳一生的年迈父亲送上的珍贵礼物也可能是一辆经典的敞篷野马车。老父亲开着它，脸上洋溢着一生所积攒的激情。先生为家里添置的第 2 辆车可能就是一部优雅大气的白色野马，让它成为太太的新宠。

还有那辆加强版的红色敞篷野马，配以可变色的仪表盘，如同红唇烈焰，青春无敌。不管是身穿花色衬衣的年轻人，还是穿着牛仔裤、戴牛仔帽的老者，都可以驾着它驰骋在天高云淡的北美大地，呼啸而来，奔腾而去。那不是在开车，而是在张扬着一种自由和奔放的精神。

正是野马车的这种有型、有性格的运动形象，使它成为许多影视作品中的宠儿。据不完全统计，在过去的 50 多年中，野马车作为重要角色在超过 500 部影视大片中出现过。

如果只算野马车出现的场面，则这个数字将高达 4000 余次之多。例如，野马车刚一出世就在间谍大片《007 之金手指》中亮相。在影片中和詹姆斯・邦德演对手戏的女主角就是驾驶着一辆敞篷野马车。在 1968 年的大片《警网铁金刚》中，由史蒂夫・麦奎恩饰演的硬汉侦探也是驾驶着一辆野马车，在旧金山街头和杀手上演了一场惊心

电影中的福特野马车

动魄的经典追车大戏，长达9分多钟。在2007年的电影《我是传奇》中，那位在瘟疫末日之后幸存的英雄、好莱坞巨星威尔·史密斯饰演的医生，也是驾驶着一辆红白相间的野马跑车在努力寻找着拯救人类的解药。

在2014年好莱坞梦工厂推出的那部赛车大片《极品飞车》中，主角就是一辆野马车。影片通过那辆经历了生死极速、惊心动魄场面的银色野马，完美地演绎了美国汽车文化的精神。正如福特品牌主管鲍勃·维特所说：电影人喜欢用野马车来塑造角色，因为这款车型代表了一种特殊的美式性格。如果导演或者制片人需要让一个角色有一种很酷、聪明以及硬派的性格，最快的办法就是让他在影片中开上一辆野马车。

劳斯野马

提起野马车，不能不提到美国赛车运动史上的一位传奇人物——杰克·劳斯。正是他，不仅将美国车道赛车推到了新的高度，还运用其商业才能，建立了改装和销售加强版福特野马车的商业帝国，使之成为美国福特野马家族中不可或缺的重要组成部分。

杰克很早就展现出过人的逻辑思辨能力。1966 年，他硕士毕业之后立即加入了福特公司，正好遇到了新生的野马车，也赶上了美国"肌肉车"蓬勃发展的时期。思维缜密又勇于冒险的杰克很快找到了自己职业生涯的方向——赛车。他马上离开了福特公司，专门成立了制作赛车及其零部件的公司。

杰克带着基于福特汽车改装的赛车，尤其是加强版的野马赛车，组成了劳斯赛车队，参加美国各种汽车赛事。由他改装的福特野马 GTP 组赛车在极具技术含量的场地赛车比赛中脱颖而出，在美国最著名的 NASCAR 赛车比赛中声名鹊起。据统计，劳斯赛车队在 NASCAR 赛事中获得 300 多次分站冠军和 7 次顶级系列赛的冠军头衔。

杰克身上集中体现了那种崇尚自由、桀骜不驯、敢于冒险的精神。他曾购置并修复了两架第二次世界大战中的野马战机，常常驾机翱翔天空，体验野马战机在战争期间英勇歼敌的雄风。他常常头戴一顶牛仔风格的帽子，将头高高地扬起，一脸自信而率真的笑容。他和野马的性格如此一致，以至他对野马车一见钟情，让野马车成了他永久的“情人”。

杰克不满足于只在赛道上将野马车的性能做到极致，他还想让更多人能够感受到野马车的野性和风情。于是，他建立了专门的野马车改装生产线，为大众提供从外观到动力性能都可以全面提升的加强版野马车，连加速时发动机轰鸣的声调都可以调控。这样，在北美大地的野马跑车群中，活跃着一群带有劳斯赛场基因的加强版野马车。这些劳斯野马车更强、更酷、更引人瞩目。尽管其价格可能高出原野马车许多，但仍然受到不少美国野马车迷的喜爱和追捧。

有一次，杰克神秘又自豪地对我说他有“后宫佳丽 300”。我疑惑不解，直到有一天推开劳斯赛车礼品店后面的一扇普通的小门时，才恍然大悟：原来杰克有一座像阿里巴巴宝藏那样的汽车金屋，里面藏娇无数。只见在偌大的空间下面，一辆挨一辆地挤满了他收藏的经典汽车，有 300 辆之多。其中，有 100 多年前的豪华电动车，有第二次世界大战期间的将军座驾，更多的是野马——各式各样的野马：有屡屡获胜的野马赛车，有尚未出世的野马高端概念车，还有一代代劳斯加强版野马车。对每辆野马车背后的故事，他都可以娓娓道来，如数家珍，深情无限。我在美国曾经看到过一些私人汽车收藏，但个人收藏如此之多、如此集中于一个品牌的，杰克肯定是第一人。

2014 年，当福特汽车公司决定将野马车型引入中国的时候，杰克也开始计划将劳斯野马车同时引入中国。第一辆专门为中国市场改装的橘红色劳斯野马车在杰克的亲自关怀下于 2015 年 3 月完成。那

第一部来到中国的劳斯野马车

天，我也有幸见证了这辆具有纪念意义的精华版劳斯野马车下线。想到如此帅气精悍的劳斯野马车即将踏上遥远的东方古国——中国大地时，杰克非常兴奋，欣然挥笔在面板上签下了自己的名字，使其成为真正意义上第一辆签名版的中国劳斯野马车。同年5月，这辆橘红色跑车漂洋过海来到中国，落户于上海汽车城。

经典在延续

为了迎接2014年纪念野马车诞生50周年的活动，福特汽车公司从2009年就开始了第6代野马车的改型设计和制造，并于2014年初成功完成。

从第 6 代野马车开始，福特汽车公司决心加大力度将野马品牌推向世界，使它成为世界的跑车品牌。新的野马车保留了那些属于野马车的经典元素。除此之外，福特汽车公司考虑到世界各地不同的需求，对它的外形及内饰做了诸多调整。新的车型线条更加流畅平缓，但不失硬朗，仍然充满了彪悍的个性。车头和车尾采用了现代照明技术，使野马车标志性的三条柱状尾更具立体感的效果。野马车特有的前脸气势和鱼鳃进气口仍和 50 年前的野马车遥相呼应。动力上采用了福特汽车公司多款最先进的发动机，还配以发动机远程调控功能。为了满足更广泛的大众需求，新版野马车增加了更多的配置选项，加上各种加强版的劳斯野马车以及更高性能的限量版野马车，构成了新的野马车大家族，走向世界。

为纪念野马车诞生 50 周年，著名纪录片导演大卫·贾伯于 2014 年推出了专题纪录片《更快的野马》。此片翔实地介绍了新老野马车的诞生过程，以及那些野马车的创造者所做的种种艰辛努力。在影片中，你会看到野马车在专业赛车手的操控下，在爱车一族的手中，如何表现出那种静如处子、动如脱兔的特性；你能领略到野马车发动机在加速时发出的激昂吼声，像一种自由奔放的宣泄；你能感觉出那宽幅轮胎紧紧扒住地面时所产生的力量，像得到了大地给出的慷慨回馈一样，充满了自信。那种得心应手的操控，那种惊心动魄的漂移，那种极速的冲刺，都给驾驭者带来了无尽的享受。

当然，和那些世界顶级的超级跑车相比，野马车并不具有最华丽的外表和最精美的内饰。野马车的很多局部看起来略显粗糙和漫不经心。但是，正是这匹看似随性的“野马”却能准确地演绎出美国汽车文化的精髓，从而成为北美大地上一款不可取代的经典跑车。

这是一台可以传给后代的车，它传递的不仅是一款车，更是一份情感的寄托。作为一个拥有 50 多年历史的美式经典跑车品牌，野马不仅影响了美国汽车产业，更深刻地影响了美国社会流行文化的发展。可以说，它不仅是一个汽车品牌，更上升为一种偶像级别的文化符号。

我很高兴地看到福特野马车终于远涉重洋，来到中国。我愿意看到野马车和与它相伴的那些经历和故事能给中国汽车人以启迪，能使他们将眼光从造车本身放开，看得更高、更远，从而造出一辆或一批能够体现中国博大精深的文化和精神，并为广大民众所喜爱的好品质、好品位的中国汽车来。

汽车终将离去，艺术将会永存

如果人类社会文明发展的历史能像画卷那样展开，那么20世纪初源于底特律的那场波澜壮阔的第二次工业革命，无论如何都将是浓墨重彩的一笔。正如意大利文艺复兴时期留下了众多艺术珍品一样，底特律也留下了许多反映大工业时代社会变革的文化遗产，其中最具有历史价值和社会价值的艺术瑰宝，当数底特律艺术博物馆的壁画中庭——《底特律工业》。

精美的壁画中庭

底特律艺术博物馆建立于1885年，是美国较早的城市艺术博物馆。在过去的一个多世纪里，博物馆见证了美国大工业时代崛起的辉煌和汽车工业发展的沧桑。来“汽车城”之前，我就听说过这座藏有罗丹的《思想者》和凡·高的《自画像》等精品的艺术宫殿。然而，初访博物馆那天，给我印象最深刻的却不是这些收藏的艺术珍品，而

底特律艺术博物馆的壁画中庭

是艺术博物馆本身——博物馆的壁画中庭。

这是怎样的一个中庭！

一束束温暖的阳光从天窗洒落，照亮了镶有漂亮图案的大理石地面，也照亮了中庭四周宽阔的墙壁。墙壁上是一幅幅精美的壁画，在灿烂的阳光下，色彩鲜艳，栩栩如生。尤其是南北墙上两幅宽大无比的壁画，再现了汽车生产线的恢宏场面。一排排高大的机器旁边站满了工人，高耸的钢炉、飞溅的钢花以及川流不息的车身布满了整个墙面。劳动者的造型雄壮有力又协调优美，展现出无限的艺术魅力。

站在壁画面前，那句"工人阶级有力量"的口号顿时变得具体生动起来。环顾四周，仿佛置身于底特律大工业正在兴起的历史回廊中。那种工业革命的磅礴气势和隽永精神像史诗般在中庭流淌。

壁画背后的主角

如果说壁画本身直观地再现了第二次工业革命时期美国的大工业情景，那么围绕壁画所发生的波折故事，更能反映出在美国社会变革的过程中意识形态上的碰撞以及艺术表达的深刻和必要。有趣的是，这些故事的主角是背景截然不同的三个人：红色艺术家迭戈·里维拉、大资本家爱德赛·福特、艺术学者威廉·瓦伦丁纳。

迭戈·里维拉有着精彩非凡的艺术生涯。他桀骜不驯的性格，他的共产党人身份，他和传奇女艺术家弗里达·卡罗两次婚姻的情感纠葛，以及他创作的大量影响广泛的壁画，都让他成为20世纪令人瞩目的伟大艺术家。

迭戈于1886年12月出生在墨西哥的一个中等富裕家庭。3岁时，他就拿起画笔开始在墙上和家具上乱涂。有远见的父亲不但没有阻止小迭戈的行为，反而在墙上各处装上画板任其涂鸦。到了10岁，迭戈开始在墨西哥圣卡洛斯艺术学院学习艺术，受到了严格系统的学院派艺术训练。随后，他来到欧洲继续深造，接受了欧洲各种艺术流派的熏陶，尤其受后印象派保罗·塞尚艺术的影响。迭戈开始注重将印象派和立体主义画派的风格结合，并融入墨西哥民间艺术形式，逐渐形成了自己独特的艺术风格。

在欧洲期间，迭戈亲身经历了第一次世界大战的风雨。墨西哥的革命运动以及列宁领导的俄国“十月革命”的成功也对迭戈的社会观念产生了重大影响。他开始以艺术的形式来关注社会问题，积极参与

迭戈·里维拉和艺术家妻子弗里达·卡罗

社会运动。

1922 年，迭戈回到墨西哥，很快加入了墨西哥共产党。1927 年，迭戈作为墨西哥共产党的代表参加了俄国“十月革命”10 周年庆祝活动。在投身社会运动的同时，迭戈开始考虑以艺术的形式讴歌波澜壮阔的社会运动和人类文明发展的历史。他和画家西盖罗斯、奥罗斯科一起在墨西哥开始以壁画的形式宣传墨西哥的历史传统和革命运动。

作为壁画大师，迭戈出色地运用壁画中的内容、形式与观念之间的内在关系，平衡处理形象、色彩和空间的结合，形成了集立体主义、原始风格和前哥伦比亚雕塑风格于一体的独特个人艺术风格。他的壁画形象直观、色彩缤纷、内容丰富、寓意深刻，具有很强的观赏性和感染力。

20 世纪初，老福特以 T 型车和流水线生产方式独占制造工业的鳌头，建立了举世瞩目的福特汽车王国。身为汽车巨人老福特的独生子，爱德赛从小就被老福特当作福特汽车王国接班人来培养。1918年，年仅25岁的爱德赛顺理成章地成为福特汽车公司的总裁。爱德赛和父亲在车型开发上有着不同的品位和追求。他对年轻一代汽车消费者的爱好有非常敏锐的感知力，这都源于他极好的艺术修养。爱德赛从小喜欢绘画和摄影，对艺术品有极高的鉴赏能力。因此，当老福特的杰作——T型车在数十年保持不变而行将被淘汰的困境下，爱德赛主持开发了多种时尚新锐的车型，为福特汽车公司开创了新的局面。

作为“汽车城”乃至美国成功资本家的典型代表，爱德赛对底特律艺术发展的推动不遗余力。他是底特律艺术博物馆长期的伙伴和赞助者。从1919年起，他被聘为艺术博物馆管理委员会主任委员。连老福特都常常自豪地对人夸耀：爱德赛是我们家族中的艺术家！

威廉·瓦伦丁纳是一位艺术史学者，出生于德国。他对欧洲的古典艺术和当代艺术鉴赏有极高的造诣，在艺术收藏方面很有建树。1913年，他来到美国，创立了《美国艺术杂志》。威廉在底特律艺术博物馆创建的初期提出了许多极具建设性的建议，为博物馆的发展起了很大的作用。1924年开始，他被聘为底特律艺术博物馆馆长。在他的主持下，底特律艺术博物馆的收藏和建设有了长足的进步。他打破了艺术博物馆以艺术品类布展的传统格局，引入以文化历史为背景的布局方式，使人们可以通过不同种类艺术品来更好地了解一种文化的多个层面。

机缘和灵感

1917 年，身处汽车制造业顶峰的老福特开始在密歇根的鲁日河畔建造他梦想中的汽车工业城。10 年之后，鲁日工厂建造完成。建成后的鲁日工厂占地近 4 平方千米，拥有 93 座建筑、约 1.5 平方千米的厂房面积、160 千米长的流水生产线，雇用了 10 多万名劳动者。除了汽车制造的四大工艺生产环节，这里还有各种零部件的生产车间，包括玻璃制造、炼钢厂、发电厂等。在此后的 20 年中，鲁日工厂是世界上最大的汽车生产基地。

这样，在"汽车城"出现了一个让老福特引以为豪的制造业奇迹：大湖上的巨轮繁忙穿梭，来时载满矿石和煤炭，走时装满各种崭新的汽车。老福特曾自豪地向世界宣称：大工业制造的梦想在鲁日工厂实现了！在此后几十年间，鲁日工厂中诞生了许多福特汽车公司的经典车型，包括开时尚先河的 A 型车、B 型车、雷鸟、银貂以及福特经久不衰的神话——福特野马车和皮卡 F150。在第二次世界大战期间，这里更是罗斯福总统所说的"民主国家的兵工厂"的真实写照。

以工业革命为主题的艺术创作的客观条件已经具备，需要的只是机缘。机缘在偶然和必然之间徘徊。

20 世纪 30 年代，美国资本主义周期性经济危机爆发，社会进入大萧条，但艺术活动空前活跃，自由之风盛行。迭戈——这位在邻国壁画领域颇有建树的艺术家，开始进入美国艺术界的视野。1931 年夏天，纽约现代艺术博物馆专门为迭戈推出了个人展，引起不小的轰动。随后，迭戈应邀在旧金山完成了两幅壁画：一幅是在旧金山艺术博物馆的《新壁画之生》，另一幅是在旧金山股票交易所的《加利福尼亚的寓言》。

在一次好友举办的聚会上，威廉和迭戈相遇了。威廉不失时机地向迭戈提议：为底特律创作一幅大型工业壁画，如何？迭戈欣然应允。回到底特律后，威廉首先要解决的是经费难题。受经济大萧条影响，底特律艺术博物馆的经费被大幅削减，从上个年度的 40 万美元降到本年度的 4 万美元。创作壁画的费用至少要 1 万美元，占博物馆全年经费的 1/4。这笔经费从哪里来？这时威廉想到了爱德赛，请他以个人的名义捐助壁画。爱德赛欣然答应，为壁画出世的“铁三角”就这样形成了。

为寻找创作的灵感，迭戈来到鲁日工厂，很快就迷上了这里大工业生产的格局和风采。在接下来的 3 个月中，迭戈孜孜不倦地在鲁日工厂画了上千幅素材。他看到了巨型机器和生产线上工人繁忙劳动的壮观、和谐景象。在这里，机器已经不是冰冷无情的工具，而是一座座带有生命的艺术品。他也被生产线上的劳动者所展现的那种生产韵律所感动。

鲁日工厂的实践大大地激发了他的创作激情。他要为劳动者讴歌，要把“汽车城”的工业革命用艺术的形式永久地保留下来，同时抒发其对现实的思考和未来的憧憬。他要在“汽车城”完成一幅宏大叙事的艺术巨作，但现有壁画的篇幅远远不能满足这种宏大构想。

那天，迭戈站在底特律艺术博物馆中庭举目四望，一个大胆的念头闪过：在整个博物馆中庭的四面墙上都画上壁画。他要完成的不仅是中庭壁画，而是一个壁画中庭。这正合威廉的意，也是他多年来管理博物馆的夙愿：博物馆不应该仅是为了展示收藏品，博物馆本身就应该是足以传世的艺术品。

呕心沥血的创作

在积累了足够的素材之后，迭戈开始创作壁画中庭。他首先想到的是生命。人类社会的发展，包括工业文明的一切发展，都源于生命。因此，迭戈在中庭正面墙上的中心位置画了一个尚在襁褓中的婴儿。那时他心爱的妻子刚刚经历了流产的伤痛，这里显然有艺术家对妻子饱含深情的抚慰和对孕育中的生命的礼赞。在墙壁上方最高的位置画的是两位母亲。她们裸露着双乳，手捧大自然的馈赠，向人们诉说：正是这些伟大的母亲的无私奉献养育了生命。与之相对的墙壁上展现的是人类社会进步的科技动力。这里既有人与科技的和谐，如那些可以造福人类的航天科技，也有对科技可以毁灭人类的强烈担忧，如几架黑色的轰炸机和那些戴着防毒面罩的士兵。

在充满矛盾的社会现实面前，迭戈的笔下出现了象征和谐美好的向日葵与和平鸽，表达其衷心祈祷人之间和谐与和平的心声。在其中的一幅浮雕壁画上，他用几条惊慌失措的鱼儿展现出人类在进行社会活动的同时，对大自然的打扰。他在画面上加了一颗五角星，这既可以被认为是来自苏联的红星，也可以被认为是来自美国星条旗上的白星。

《底特律工业》壁画局部

在大门两侧的墙板上，他画下了造型优美的大型动力机器以及管理者和工程师的形象。仔细端详，这些人物的面孔都有老福特和爱迪生的神采。迭戈以此向工业革命的先驱们致敬。南北两面巨型墙壁上，集中体现了艺术家对工业革命整体的印象和思考。

在对各种科技如化学、生物、医疗做了具体的描绘之后，艺术家用大量的篇幅画出了鲁日工厂的发动机和整车装配生产线。整面墙上布满了巨大的机器、密集的工人、自动化传输带上排列的车身。整个画面完美地再现了大工业生产的场景，大气恢宏。尤其值得注意的是，在迭戈笔下出现了各种肤色的工人一起合作生产的场景。这显然不是当时仍在种族隔离政策之下的美国的现实国情，却是艺术家对未来的向往和憧憬。

环顾中庭，这里奏响的是一首大工业革命的赞歌，一首对劳动者的赞歌，一曲人和自然、机器和谐共存的美妙乐章。

艺术永存

第 2 年春天，在迭戈即将完成壁画创作的时候，争论也接踵而至。有些人指责壁画歌颂了劳动者而贬低了资本家。有人甚至指控说迭戈的画作对"汽车城"工人运动有推波助澜之嫌。在壁画完成的第 5 天，各种指控充斥了底特律的各个媒体。有人质问：在劳资矛盾如此尖锐的底特律，为什么要请一位红色艺术家在博物馆这么重要的位置做宣传工人的壁画？底特律几个保守团体共同向博物馆发出了正式信函，要求博物馆对这些壁画的背景和内容展开调查。如果上述指控属实，这些团体将正式提请政府毁掉这些壁画。

在喧闹的反对声中，作为底特律艺术博物馆馆长的威廉坚定地站在艺术家这一边，捍卫艺术家的创作自由。他向人们耐心地解释一个反映社会现实的伟大艺术品一定能够经受住时间的检验。威廉还发动美国艺术同盟发声来支持艺术家的创作。威廉坚信迭戈的壁画一定能够得到大多数人的认可。他果断地打开博物馆的大门，邀请广大底特律市民前来参观。那天，竟有上万人蜂拥而至，将博物馆的中庭挤得水泄不通。人们看到壁画之后发表了许多正面的评论，渐渐抵消了极右势力的攻击和偏见。爱德赛也出面对壁画中庭发表了坚定支持的声明：我相信迭戈是在尽力表达和反映底特律的精神，我很满意艺术家的这些壁画创作。这样，博物馆中庭的壁画被完整地保留了下来，为工业革命之城底特律留下了宝贵的文化艺术遗产。

今天，谁能想到近一个世纪之前，一位纯正的资本家能够资助一位红色艺术家在资本主义重镇最为宝贵的地方，创作出这组反映工业革命、讴歌劳动者的大型壁画？这里闪烁着怎样的一种人类文明和艺术的光辉！

文化学者琳达·道森斯在深入研究了迭戈的壁画之后说道："今天我们流连在意大利的灿烂艺术中来努力地感受和解释文艺复兴时期的种种辉煌，我们也流连在玛雅古迹中感受和赞叹古玛雅文化曾有的辉煌。那么，很多年后，我们的后代来远眺我们身处的工业革命的大时代时，他们会看到什么呢？他们一定会从这些《底特律工业》的壁画中非常生动地感受到曾经发生在底特律大工业时代的辉煌。"

由迭戈的壁画所引发的关于如何处理艺术和社会现实对立的争论从来没有停止过。到了 20 世纪 60 年代，这种争论更加激烈。肯尼迪总统曾说道："当艺术家对我们这个社会进行尖锐批评的时候，那是他们对事物所特有的敏感性和对公正强有力的关切。为了国家的文明和进步，我看不出还有什么比充分保障和发挥艺术家们的创作潜力更重要的事情了。"在肯尼迪总统遇刺 2 年之后，美国政府终于拨款正式成立了国家艺术赞助基金会，用以建立保障艺术家独立和自由创作的环境。在基金会的徽标下面，有一句掷地有声的话：伟大的国家应该拥有伟大的艺术。

在迎接第四次工业革命到来的时候，我真心地希望中国的汽车业同人们能来到"汽车城"底特律，抽出时间在底特律艺术博物馆中庭的壁画前停留一刻，在艺术欣赏中感受一下“汽车城”曾经跳动的工业革命的脉搏，体会一下大工业革命进程带来的碰撞与思考。我更期望看到，在中国汽车工业高歌猛进的大潮中，也会出现中国的迭戈、爱德赛和威廉的身影。

毕竟，汽车终将离去，艺术才能永存。

艺术之家

“汽车城”底特律有一条与其同名的河流绕城而过，碧绿的水面向北不远就豁然开阔，形成一个浩瀚的湖泊——圣克烈湖。沿着湖畔的杰弗逊大道向北开去，一边是碧波荡漾的湖面，湖面上白帆点点，风光旖旎；另一边是葱茏的树木和掩在绿树花丛中的一座座豪宅。这些豪宅风格各异，或有古典欧洲建筑的厚重，或呈南国建筑的缤纷明快，彰显出房屋主人的品位和爱好，宛如一尊尊建筑艺术品散落在湖边。

远远望去，湖畔错落有致的住宅与湖边的游船码头以及哥特式建筑高高的尖角遥相呼应，像一幅画。而画中最闪亮的一处非它莫属：那座充满艺术气息的福特汽车传奇住宅——爱德赛·埃莉诺庄园。

汽车王子

爱德赛·福特是汽车巨人亨利·福特的独生子。他出生于 1893

年，其时正值老福特携家搬出农庄来到新城底特律，准备在新兴的工业大潮中大显身手。作为爱迪生电气公司的总机械师，福特并不安于稳定的职业生涯，开始了实现其造车梦想的创业历程。在那段艰苦奋斗的日子里，爱德赛母子的陪伴给他的生活带来了无限的慰藉。

在爱德赛 10 岁时，经历了两次创业失败的亨利·福特又以自己的名字创办了一家新的企业——福特汽车公司。之后，他以一系列工业革命创新之举登上了美国汽车工业的顶峰。正因为如此，美国汽车工业界郑重地将福特汽车公司成立的 1903 年定为美国汽车工业元年，而亨利·福特当之无愧地成为美国家喻户晓的汽车大王。

作为福特汽车王国的王子，爱德赛从小就得到老福特及其家族的精心呵护，并被寄予厚望将来继承福特汽车的大业。爱德赛在父亲的车间中长大，耳濡目染，对汽车有极大兴趣。那段时间父子之间常有的情景是，每到下午放学时光，老福特就急切地盼着儿子在公司出现。爱德赛一到公司，常常把书包一扔，就跑进老福特的工作间，和老福特一起讨论汽车设计图纸，俨然一位经验老到的设计师。放学后在汽车公司相见是这对汽车父子之间的一个约定。这也许是他们人生中最具有父子温情的一段美好时光。

高中毕业之后，爱德赛和大多数品学兼优的学生一样打算进入大学深造。然而让他始料不及的是，他的这个想法得不到父亲的支持。原来，信奉实践出真知的老福特打算让爱德赛高中毕业后就开始在公司工作，以尽早在汽车产业的熔炉中加以锤炼。

尽管心存疑惑，爱德赛还是温顺地听从了父亲的安排，高中毕业之后就加入福特汽车公司，摘下了王子的桂冠从打杂的助理开始做

福特父子

起。在福特王国中长大的爱德赛不仅继承了父亲热爱汽车的基因，也展现出了极高的艺术天分。他从小热爱音乐和绘画，以至于老福特常常在别人面前不无欢喜地炫耀爱德赛的艺术天分。连老福特的宿敌道奇兄弟也曾揶揄道："亨利，我对你的那些狗屁成就一点都不羡慕，唯一例外的是你这个儿子。"

爱德赛在工作中兢兢业业，能力提升得很快。同时，他温文尔雅、与人为善的性格深得人们的喜爱。看到儿子在实践中逐渐长大成熟，老福特满心欢喜。1919 年，当爱德赛 25 周岁的时候，老福特顺理成章地将他推上了福特汽车公司总裁的位置。

艺术之旅

在加入福特汽车公司后的一次舞会上，爱德赛邂逅了一位姑娘——埃莉诺·克莱。埃莉诺文静漂亮，爱德赛风度翩翩，两个人很快坠入了爱河。不久，他们在包括爱迪生在内的亲朋好友的祝福声中喜结良缘。新婚宴尔的一对新人很快就搬出了福特老宅，开始了新的独立生活。

在工作之余，他们冬天滑雪，春秋郊游，夏天游泳，生活充满了欢乐和温馨。在随后的几年中，他们一共有了 4 个孩子，分别是 1917 年出生的亨利·福特二世、1919 年出生的班森、1923 年出生的女儿约瑟芬和 1925 年出生的威廉。

埃莉诺是"汽车城"商业巨子哈迪森的侄女。她和爱德赛一样，从小受到了良好的教育，对美术、音乐、舞蹈都有浓厚的兴趣，具有很高的艺术修养。结婚之后，两人对艺术的共同爱好为他们的生活增添了无穷的乐趣，也使他们夫妇成为热衷于底特律艺术公益事业珠联璧合的一对。

他们对底特律艺术博物馆长期慷慨的捐赠和支持，赢得了"汽车城"艺术界的广泛赞誉。也正是因为如此，爱德赛很早就成为底特律艺术博物馆艺术委员会年轻的主任委员。在那里，他遇到了艺术上的知音和导师——威廉·瓦伦丁纳。

威廉·瓦伦丁纳是一位杰出的艺术史学者，对欧洲的古典和当代艺术鉴赏有极高的造诣，在艺术收藏方面很有建树。1913 年他从德国来到美国之后，创立了《美国艺术杂志》。1924 年，他被聘为底特律艺术博物馆馆长。爱德赛对艺术的鉴赏能力在威廉的指导下有了很大的提高，完成了他在艺术上的升华。两人的鼎力合作，为“汽车城”留下了一座旷世艺术精品——《底特律工业》壁画中庭。

20 世纪 30 年代初，在美国仍处于经济大萧条的环境下，威廉邀请墨西哥艺术家迭戈·里维拉来到“汽车城”，为底特律艺术博物馆创作一幅反映底特律工业革命实践的壁画，所需费用全部由爱德赛个人承担。

艺术家迭戈来到底特律考察了鲁日工厂之后，被底特律工业革命的规模和成就所震撼。他提议将壁画扩展，创造一个宏大巨制的《底特律工业》壁画中庭。这个想法和威廉一拍即合，但增加的高额费用从哪里来？

那天威廉正好应邀到爱德赛家里参加聚会，他进门时略有心事的神态被细心的埃莉诺看了出来。她悄声对爱德赛说：“威廉今天心里好像有事，快去问问。他不快乐，今天的聚会也就不会快乐呀。”当爱德赛知道威廉的心事后，爽朗一笑，说：“没问题，交给我来解决吧。”于是他们兴高采烈，举杯相庆——为他们的情谊，更为将要在“汽车城”诞生的伟大艺术作品。

1 年后，迭戈完成了中庭壁画的创作。但是，由于作品有明显的歌颂工人的倾向而受到“汽车城”资本家保守势力的疯狂攻击，甚至扬言要毁掉它。作为“汽车城”资本家新生代的爱德赛和艺术学者威廉坚定不移地站在了艺术家的一边。在保守媒体连篇累牍地诋毁作品时，爱德赛公开发表声明：我相信迭戈是在尽力表达和反映底特律的精神，我很满意艺术家的这些壁画创作。正是由于他们两个人的坚定支持，为底特律艺术博物馆留下了今天的镇馆之宝。

理想家园

20 世纪 20 年代是福特汽车公司的辉煌年代，T 型车和流水线生产方式给福特家族带来了无尽的财富。到了 20 年代中期，身为福特汽车公司总裁的爱德赛和夫人埃莉诺开始筹划建造他们新的家园。

经过多方考察，他们买下了圣克烈湖畔一块拥有 100 多公顷（1 平方千米）原始森林和 3000 多英尺（约 914 米）湖岸线的绿地，开始了他们自己理想家园的建造。这对热爱艺术并且有雄厚资金实力的夫妇一开始就没有把它当成一个单纯的住宅项目来建造，而是作为一个集自然和文化于一体的艺术之家来设计。

他们请来底特律最负盛名的建筑设计师阿尔伯特·卡恩主持新家的设计。为了寻找设计灵感，1925 年一整年他们和设计师一道遍访欧洲许多有特色的建筑群落，最后确定了以科茨沃尔德地区的"英格兰最美乡村"为参照来设计新家风格。这个地区的乡村建筑与大地浑然一体，朴实且精致，简单而优雅，散发出浓浓的英格兰乡村历史和文化气息，深受爱德赛夫妇的喜爱。他们还请来了当年美国最杰出的景观建筑师延斯·詹森对庄园的大片农田绿地及原始森林进行精心系统的规划和改造，使庄园内呈现出一种既美观大方又和谐自然的生态环境。

庄园于 1926 年春天正式开始动工修建，主体建筑 1 年后完成。随后，爱德赛用了 2 年时间对庄园的内外部进行精心装饰和布局。房屋的墙面用来自印第安纳州的石楠山砂岩铺就，而屋脊和房檐则是用专门从英格兰地区采来的条石砌成。在建造过程中，爱德赛还专门请来了熟练的英国工匠完全按照英格兰当地的建筑要求进行拼接和铺设，尽可能地再现科茨沃尔德地区的建筑风貌。1929 年圣诞节前夕，爱德赛一家终于搬进了新宅。

这栋拥有 60 个房间的住宅为三层建筑，高耸的尖角形房檐错落有致，与几座壁炉烟囱彼此相映。建筑的外墙为深深浅浅的青灰色，屋顶上有点点苔藓，

爱德赛的新宅

墙壁上布满了英国常见的菱叶常春藤，尽显古朴庄重，典雅清新。住宅四周树绿花红，风光无限。门前绿茵如毯，四周参天大树成荫。屋后，绿茵茵的草坪向圣克烈湖伸去，远远望去碧水蓝天，水天相接。住宅的左边是由长堤围起来的避风船道，右边是一座形状优美的游泳池，和四周的地貌浑然一体。由泳池向前是一座美丽的经典英格兰风格的玫瑰花园，四周精心修剪的灌木和花丛围绕着中心的喷水池。再往前，是一组按比例缩小的建筑群。这是专门为孩子们建造的玩具房，其中还有祖母克拉拉专门为孙女约瑟芬·福特建造的儿童剧场。

多少个朝阳落日、春夏秋冬，爱德赛和埃莉诺一家在这里度过了美好的时光，也为"汽车城"留下了一处珍贵的艺术和文化遗产。

艺术庄园

屈指算来，我在位于老福特庄园内的密歇根大学迪尔本校区已经工作 30 多年了。在这期间，我常常流连忘返于爱德赛·埃莉诺庄园。每次来到庄园，我心中总有一个感叹：这究竟是住宅，还是艺术博物馆？

漫步庄园，除了能看到科茨沃尔德地区的乡村风格建筑，还能看到许多东西方文化的艺术珍品。住宅内外的种种细节无不体现出他们在艺术上的精湛造诣和对历史文化的关怀。一个典型的场景是：来自欧洲某个角落的原木地板上铺着东方或波斯的地毯，地毯上放着来自英国和法国的古老家具，而家具上面摆放的却是用东方瓷瓶托起的台灯；墙上浸满某段历史气息的镶板上挂着几幅文艺复兴时期的油画；

房间内和过道上错落有致地摆放着石、铜及象牙雕塑艺术品。连墙面和天花板上的金属枝形吊灯、壁灯和烛台都呈现出极高的艺术价值。随便走进一个房间仔细看看，便会邂逅一段历史、体验到一种气息。

住宅的进门一点儿也不大，正如科茨沃尔德地区乡村的一个普通门廊那样朴实和低调。推门进去，也不见美国东西两岸富豪宅邸常有的高调华丽的门厅。这里的天花板不高挑，四周也不宽阔，暖色的墙壁在淡黄色壁灯的照射下，温暖而静谧，与北美常见的普通家庭的门厅并没有多大的差别。

但你仔细看看，差别立现。进门对面是一扇漂亮的锻铁玻璃门，透过它望去，可以看到后院亭台以及浩瀚的圣克烈湖面。这可不是一扇普通的铁门，它是美国著名锻铁艺术家塞缪尔·耶林的艺术作品。

看看四周，不大的空间内摆放着几件 15 世纪的哥特式和 17 世纪的威廉·玛丽式家具。更宝贵的是，这里还有几件不同时期的艺术珍品，包括一座 13 世纪意大利文艺复兴时期的著名雕塑家尼古拉·皮萨诺的白玉大理石雕塑《圣母与子》、一幅 14 世纪著名艺术家提香的肖像画以及一座罕见的中国商代青铜鼎。这种珍贵的商代青铜鼎即使在国内的博物馆偶有看到，也是在层层保护之中，有一种神秘而遥远的距离感。而在这里，它毫无遮掩地近距离呈现在你的眼前，任你四周打量，十分亲近，十分自然。

向前走进客厅，浓郁的英法风情迎面而来。这里有许多路易十六时期的经典家具，如一款镏金木扶手椅。墙上有几幅法国艺术作品，包括著名印象派画家保罗·塞尚的 2 幅珍贵的水彩画作，以及著名画家埃德加·德加的经典油画《蓝色舞者》。墙上的装饰是英格兰风格

爱德赛庄园门厅

的，墙上镶有乔治三世的由镀金木雕刻的鲜花和树叶，还有一个如今已罕见的威廉·玛丽式黑色橱柜。壁橱面上镶有金色的中国古代人物和各种花鸟树木，弥漫出淡淡的东方气息。

整栋住宅中最大的房间被爱德赛称为画廊大堂，这里是爱德赛夫妇举行家庭聚会的特定场所。房间的墙上镶有 16 世纪的橡木亚麻布浮雕镶板，那个硕大的哥特式壁炉和烟囱来自英国伍斯特郡的沃拉斯顿大厅，带有浓郁的英格兰风格。高高的圆形天花板上用石膏雕花再现了英格兰 17 世纪的豪宅的穹顶，顶上装着 18 世纪早期的荷兰黄铜吊灯。

大堂朝北的墙上有一面高大的落地玻璃窗，精致漂亮的彩色玻璃窗格中镶有数枚英国 16 世纪的英雄勋章，彰显出一种高贵的英雄气概。大堂的中央放着一张 16 世纪晚期的意大利胡桃木八角形桌，上面摆着一尊绿色釉面酒坛。酒坛沉稳大气，仔细一看，原来是来自中国遥远的大汉王朝。左面墙上有一幅 15 世纪的圣母和天使图。另一面墙上是 16 世纪荷兰著名艺术家弗兰斯・哈尔斯的肖像作品《戴帽的小伙儿》。小伙儿一脸朝气蓬勃，却投来疑惑的眼神，张开手掌似乎正要提问。问什么呢？我想，爱赛德在墙上挂上这幅画，是否和他后来的命运和境遇有某种神秘的关联？

家中的书房是爱德赛一家的最爱。他们常在这里小聚或度过一个下午茶的快乐时光。书房里藏有 1600 多册涉及艺术和历史的书籍，还有许多装帧精美的原版英国经典小说集，其中包括查尔斯・狄更斯和威廉・梅克比斯・萨克雷等著名作家的传世著作。书房更像一个精致的艺术展厅。看看墙边这座温暖的壁炉吧：它上下都是雕刻精美的深色大理石，上面镶有伊丽莎白女王的雕像。大理石和周边的橡木镶板配合得天衣无缝，透出一种古典之美。在书房的长桌上有几个台灯，灯座是中国的景泰蓝花瓶。花瓶上纹有几条蓝色的飞龙，为这里增添了几缕东方的神韵。环顾四周，书架上和茶几上摆放了许多精美的艺术品，其中一件是 12 世纪晚期的卡尚碗盘，盘中绘有一对身穿彩色长袍的皇室夫妇，表情诙谐可爱。还有一座 19 世纪初的少女白

爱德赛庄园的起居室

玉雕像静静地立在墙边，洁白光滑的肌肤和流畅的线条，很美很动人。抬头就能看到书房里最引人注目的那幅画——意大利文艺复兴三杰之一拉斐尔的著名肖像画《朱利亚诺·德梅迪奇》。这幅带着浓浓的意大利文艺复兴气息的杰作，不知伴随爱德赛在这里度过了多少美好的时光。

家中还有一间名为晨光的房间。每天清晨，爱德赛会在这里迎接圣克烈湖上的第一缕阳光。整个住宅中装潢最为华丽的房间当数餐厅。这里四周镶着英国 18 世纪的黑松装饰。每当圣诞节期间，这里彩灯环绕，松柏飘香。壁炉四周鲜花簇拥，还有一对中国康熙年间的绿鹰玉石点缀其中。

沿着橡木楼梯走上二楼，迎面的墙上是一幅爱德赛的画像。这幅画像出自墨西哥艺术家迭戈之手，是他在创作《底特律工业》壁画时为爱德赛画的。画面上身穿灰色西服的爱德赛双手扶桌，好像要开始演讲。他神色平静，深邃的目光平视前方，给人一种亲近的感觉。画作以灰蓝色做基调，色彩层次分明和谐，笔触细腻独到，有很高的艺术价值。

凝视这幅肖像，我浮想联翩。都知道迭戈是一个红色艺术家，他的画作常常讴歌工人，针砭资本家，而爱德赛是当年典型的资本家新生代，高高在上，傲视“汽车城”。他们两个人应该是在不同的两条道上走的人吧？再仔细看看这幅画，完全看不到迭戈在艺术创作中所惯用的那种浓烈和粗犷的批判笔触。画中看到的是另外一个迭戈，他不仅在《底特律工业》壁画中加入了爱德赛的正面形象，又以女人般的细腻笔触精心完成了爱德赛的这幅肖像画。这是怎样的一种默契？是艺术！我深信，是艺术的共同语言把他们连在了一起，是对艺术共同的追求使他们能够跨越阶级，找到共鸣。也正是如此，当资本家们声势浩大地讨伐迭戈的时候，爱德赛坚定地站在了艺术家的这一边，保护了迭戈，更保护了艺术。

如同体育一样，艺术是可以让人类社会跨越阶级沟壑、消弭纷争的有效媒介。对美的追求是人类社会和谐与可持续发展的重要保证，

爱德赛肖像画

是人类生命赖以生存和进化的必要条件。尤其在今天，科技的发展使人类的物质生活极大丰富，而人的精神生活却逐渐匮乏，各阶层之间日渐分裂，使得艺术的存在从来没有像现在这样重要过。

豪门恩怨

在美国众多的百年企业中，福特汽车公司是一个值得大书特书的经典。

老福特具有坚韧不拔的创新性格，爱德赛具有勤恳细致的管理风格，这对看起来近乎完美的汽车父子搭档，本应该在风生水起的汽车大潮中大显身手、永葆福特汽车的辉煌。然而，事物的发展常常不以人们良好的意愿为转移。老福特和爱德赛之间数十年的纠葛，终酿成白发人送黑发人的悲剧，令人唏嘘不已。

《福特帝国》的作者理查德·巴克曾这样写道：亨利·福特是一位天才的创新创业者，但头脑过于简单。爱德赛是福特汽车公司形成有效组织管理制度的奠基人。不幸的是，他一生都陷在了因实行有效组织管理制度而与父亲的缠斗之中。

在爱德赛任总裁的初期，老福特因为不放心便经常干预公司的运作。两代人在对市场的把控、人事的任用、企业的管理方面常有不同的认识和处理方式。作为董事长的老福特本应该放权给总裁爱德赛。相反，老福特却总是抓住权力不放，粗暴地否定爱德赛的许多决定。爱德赛顺从的性格也促使老福特在“干政、涉政”的路上越走越远。纵观福特汽车公司的历史，亨利·福特在很长一段时间内犹如公司的“太上皇”。

20 世纪 20 年代末，T 型车已显颓势，爱德赛屡次提出开发新的车型，却总被父亲否决。后来，爱德赛抓住父亲出访欧洲的时机召集工程师们全力以赴制作出了新车的模型。等老福特回来后，爱德赛满心欢喜地请父亲去看新车型，却不料老福特看了之后大发雷霆，并动手毁掉了模型，这对爱德赛来说是一个极大的打击。

第二次世界大战期间，福特汽车公司接受了国家的大量军火生产订单，名副其实地成为罗斯福总统口中的“民主国家的兵工厂”。爱德赛呕心沥血夜以继日地工作，以保证公司高速有效地运转，他的贡献已被记载在美国第二次世界大战博物馆中。但在那段时间里，他仍然常常受到老福特的掣肘。有一次，爱德赛已经和美国军械局签好了制造 3000 台发动机的合同，回来后竟然被老福特否决了。面对美国军械局官员的质问，爱德赛只能痛苦地承认：在公司只有老父亲说了才算。

更有甚者，福特父子关系中最大的伤害来自一个人——哈里·贝内特。贝内特身材矮小、其貌不扬，但聪明机灵、办事果断。他进入福特汽车公司之后，很快获得了老福特的赏识，从而青云直上。尤其是他鞍前马后、俯首听命的态度很得老福特的欢心，他也一度被提拔为老福特的安保主任。在福特汽车公司和工会的矛盾纠纷中，正是他大打出手，忠实地反映了老福特对工会的强硬态度。

也许是老福特从总裁位置退下之后不免有些孤独，而他在公司内并没有真正可以推心置腹的人，当身边有了贝内特这样一个忠心耿耿、能说会道的随从后，他渐渐地把贝内特看作心腹，最后还将他提升为董事会成员。在得到老福特的信任后，贝内特在公司内肆无忌惮、飞扬跋扈。他甚至不把爱德赛放在眼里，常对公司的重要人事任免横加干涉。在很长一段时间内，福特汽车公司内有一个奇怪的现象：有人可以通过贝内特绕过爱德赛得到提拔，有人也可以通过贝内特而否定爱德赛的解雇令。每天爱德赛为了保证公司的庞大机器高效运转而呕心沥血时，贝内特却陪着老福特在庄园或工厂里转悠聊天。老福特有了新的想法，第一个知道的人经常是贝内特，而不是爱德赛。甚至爱德赛要找父亲时，也要先找到贝内特才行。难怪有人嘀咕：究竟谁才是老福特的儿子？

工作上和精神上长期的双重压力损害了爱德赛的身体。1942 年，他在做了胃溃疡手术后，身体长时间得不到恢复，第二年又查出了胃癌，而且已经是晚期，身体每况愈下。即使在这种情况下，当爱德赛与贝内特有关一项重要的人事安排产生矛盾时，老福特仍然完全站在贝内特的一边，任由贝内特赶走了一位爱德赛信任的得力助手。不仅如此，老福特还听信贝内特的谗言，进一步给儿子施压，请人传话说以后在人事问题上贝内特可以完全代表自己。

还在病榻上的爱德赛听到这些话后失望至极，痛心疾首。他流着眼泪喃喃地说道：“我再也坚持不下去了，我要离开这个让我伤心疲惫的公司，也许只有这样才能解脱。”然而还没来得及解脱，1943 年 5 月 26 日下午，年仅 50 岁的爱德赛在福特汽车公司总裁的任上带着深深的遗憾离去了。

福特重生

爱德赛的早逝给福特家族带来了无限的忧伤，也引起了家人对老福特的不满。爱德赛的儿子班森愤然指责爷爷对爸爸的去世有不可推卸的责任，并声言要和爷爷断绝往来。

毫无疑问，爱德赛的早逝也给老福特带来了极大的悲伤。据他的理发师回忆，有一天晚上老福特理完发之后，指着皮夹子里边儿子的照片喃喃地说道“我再也看不到我的儿子了”，眼中流出了悲伤的泪水。爱德赛离开之后，老福特不得不重新担起公司总裁的重担。可是年老体弱的他已难以驾驭福特汽车公司这条大船，只能眼看着公司在贝内特之流的胡作非为中渐渐衰落下去。

也许是命运的安排，福特汽车公司的衰落引起了爱德赛在美国军械局的好友的注意。他立即召唤正在军中服役的福特二世，并说服军

爱德赛（右一）和长子福特二世（左一）一家

方同意让他解甲归田，去挽救福特汽车公司，以保证这座“民主国家的兵工厂”在第二次世界大战期间正常运行。

福特二世是爱德赛的长子。他从小对汽车并没有多大的兴趣，却继承了爷爷坚强的性格。一经批准，他像军人接到命令那样立即来到了福特汽车公司，一头扎进了以前并不熟悉的汽车业务之中。经过几个月的深入了解，他了解了父亲曾经的种种艰辛，也查明了福特汽车公司身上的沉疴痼疾。一种从未有过的责任感涌上了他的心头。他不仅要振兴福特王国，更要以自己的成功来告慰父亲，伸张正义。

于是一场和爷爷的争斗不可避免地上演了。

几个月后，老福特日益感到自己的体力无法胜任对公司的日常管理，不得不提议将总裁的位置交给孙子。即使在这个时候，老福特还在贝内特的谗言下坚持不放弃董事长职务，仍然期望做“太上皇”。但是福特二世却不是以前那个温顺的爱德赛。他了解父亲的苦楚，坚信决不能让父亲的悲剧重演。当爷爷要他接下总裁的位置时，福特二世毫不犹豫地提出自己要同时出任总裁和董事长、爷爷必须全身而退的要求。

老福特怒不可遏，断然拒绝，他不能接受孙子的条件。但此时福特家族也不是处于以前老福特可以一言九鼎的时代了。他们全部都站在孙子那一边。一向温顺的儿媳坚定地告知老福特，如果不接受孙子的条件，她就会将手中的股票悉数抛出，打破老福特要家族绝对控股的期望。老福特夫人克拉拉也没有给他好脸色，对他说如果不同意孙子的要求，自己将永远搬出老福特庄园。

面对家人的逼宫，老福特只好服软，接受了孙子的条件，同时让出了总裁和董事长的位置。他带着一声叹息回到了自己的庄园，做一位地道的农民去了。

获得老福特的承诺后，福特二世毫不怠慢，第二天立即召开董事会，宣布老福特退位并由自己同时出任总裁和董事长，获得了董事会的一致通过。会后，贝内特与福特二世擦身而过时，悻悻然说了一句：“你知道吗？你继承了一个有亿万资产的公司，而你却没有对它作过一点贡献。”福特二世没有搭理他。他知道，福特汽车公司再次辉煌的重担压在了在自己身上，而自己要做的第一件事就是要在内部清除像贝内特这样的蛀虫。

在清除了贝内特及其残余势力之后，福特二世大刀阔斧地开始了重振福特汽车公司的历程。他引进了大量的人才，尤其是在第二次世界大战胜利后，他果断地将美国陆军航空队后来被称为“蓝血十杰”的 10 位精英招来麾下，经过几年的励精图治，终于使福特汽车公司重回汽车产业的顶峰，创造了福特的再次辉煌。

这位在爱德赛庄园长大的公子没有辜负福特家族对他的期望，以一份出色的成绩单告慰了父亲在天之灵，而历史也将福特二世的名字刻在了福特汽车公司总部那座气势恢宏的玻璃大厦上。

琴瑟和鸣

爱德赛去世之后，埃莉诺在这座庄园里又平静地度过了 30 年光阴。在这 30 年中，埃莉诺把对爱德赛的深切思念不仅放在无微不至地抚养孩子们健康成长上，还放在了他们共同追求的艺术事业上。她一如既往，像爱德赛生前那样对“汽车城”的艺术事业进行支持。

出身名门的埃莉诺不仅有极高的艺术修养，也极具爱心和同情心。在少女时代，她就积极参与各种社区义务服务。从小喜欢跳舞的她很早就担任许多贫穷家庭孩子的义务舞蹈老师。后来，她遇到同样热爱艺术又极具同情心的爱德赛，两个年轻人“金风玉露一相逢”，便演绎出一段琴瑟和鸣的人间佳话。他们夫妇以乐善好施的行为和悲天悯人的情怀，用相扶相持的一生，诠释了“无论是顺境或是逆境，富有或是贫穷，健康或是疾病，永远相爱”的誓言，赢得了亲朋好友的赞誉和社会的广泛尊敬。

爱德赛走了。可是对埃莉诺来说，他还在——在心里、在家中、在庄园的每一个角落。这 30 年中，埃莉诺精心打理着他们曾经的共同家园。她把庄园中的一切尽力保持着他们共同生活时的样子。爱德赛的办公室仍然像以前那样开着，爱德赛工作的笔记本仍然在那里，爱德赛钟爱的有中国特色的小书架仍然在书桌上。爱德赛的照片摆在家中他经常出现的地方。即使家中某个地方需要重新装修，埃莉诺也总会先考虑爱德赛会怎么设计、怎么想。

到了晚年，埃莉诺对这座饱含她和爱德赛精神寄托的家园依依不舍。然而，在考虑未来时，她想的更多的是如何使这座庄园能够造福更多的人。于是，她在 1976 年立下遗嘱：在许多其他地方，人们常将私宅捐献出来造福大众，作为历史的见证保留下来，为过去，为现在，为将来。我也一样，愿将这座庄园捐赠为公共财产，以造福大众。

今天，爱德赛 · 埃莉诺庄园作为“汽车城”一处重要的文化和历史遗迹对公众开放。它静静地立在风景如画的圣克烈湖畔，向人们展现自然与艺术交融的一个侧面，回放着爱德赛和埃莉诺一段美好生活的记忆。

每年，无论是仲夏夜在这里举办的湖畔草坪音乐晚会，还是金秋十月在这里举行的汽车艺术设计大展，都印证着爱德赛夫妇回馈社会的初心，也饱含社会对他们的无限敬意。

一座城市的变迁造就了它特有的历史和文化底蕴。“汽车城”底特律——这座引领近代大工业革命的历史名城，留下了许多文化和历史的印记。而位于“汽车城”东西两端的爱德赛·埃莉诺庄园和老福特庄园，像是这些印记中两颗最闪亮的明珠，交相辉映着，向今天和将来诉说着曾经发生在“汽车城”里的动人故事。徜徉园中，有无尽的享受，也有无边的思索。

密歇根大学巡礼

在底特律周边众多的卫星城中，有一个典雅安静的小城——安娜堡。这里树木葱茏，一条清澈的休伦河穿城而过，串起一片片森林、绿地，故有“树城”之称。久负盛名的密歇根大学主校区就坐落于这座美丽的小城之中。

历史渊源

美国拥有丰富的高等教育资源，其3000多所高等院校可以分为私立和公立两大阵营。美国的顶级私立大学中囊括了8所常青藤学校，而在美国最好的公立大学中，密歇根大学常年位于前三名，对美国高等教育的发展有着举足轻重的影响。

美国大学的历史可以追溯到17世纪。1636年，当第一所私立大学——哈佛大学在波士顿建立之后，一批私立大学相继在美国出现。这些早期的私立大学基本上沿袭了英国贵族学校的传统，非常注重宗教和人文素质的培养，但缺乏社会所需要的科学与技术专业教育。学校的管理也相对保守和封闭，很多学术研究与社会脱节，正是所谓的象牙塔模式。18 世纪末，公立大学开始在美国出现。到了 19 世纪初，新型大学的理念开始在美国萌芽，而第一个建立现代化大学的尝试正是从密歇根大学开始的。

1817 年，密歇根领地的地方政府立法在底特律建立了密歇根大学。20 年后的 1837 年，密歇根成为美国第 26 个州，从而使密歇根大学成为美国较早的州立大学之一。由于发展很快，密歇根大学需要建立规模更大的校园。那时，安娜堡还是一个仅有 2000 多人的小镇。在竞争州政府属地未果后，安娜堡果断地将 40 英亩（约 16 万平方米）的土地划给了密歇根大学以建立新的校区。1841 年，密歇根大学正式搬迁到了安娜堡新址。

建校初期，密歇根大学就尝试将英国大学的传统与德国和法国的新兴专业教育相结合，并加以创新，逐渐形成了美国现代化新型大学的模式，其主要特点包括：大学自治的原则；学术自由和开放的理念；文理并进的学科设置；以学院为中心的管理结构；提倡建立专业学院的社会责任；注重研究和实践相结合的教学方法；以学生为中心的书院制等。为此，密歇根大学很早就开始建设各种实验室、图书馆、博物馆等。密歇根大学最早建立了大学化学实验室和天文观测中心，也开了大学建立专业学院的先河，如医学院、工学院、法学院、商学院等。密歇根大学也是美国最早拥有医院的大学。

作为美国大学协会的创会成员，密歇根大学积极推广现代化大学的理念和实践，得到了社会广泛的响应。加利福尼亚州在组建公立大学系统时，直接借鉴了密歇根大学的办学模式。密歇根大学的校友主导创建了哈佛大学商学院、康奈尔大学法学院、麻省理工学院的媒体实验室以及耶鲁大学的书院制等。因此，在美国高等教育史上，密歇根大学被认为是西方现代高等教育模式的先驱，是公立大学中的常青藤，以至于后来有了肯尼迪总统的那句“我来自东部的密歇根大学——哈佛”的美谈。

经过 200 多年的发展，密歇根大学目前拥有 3 个校区——安娜堡、迪尔本、弗林特，共有 29 个学院、22 个图书馆、12 个博物馆、1600 多万册藏书和庞大的数字化图书库，以及来自全球 139 个国家的 5 万多名学生。密歇根大学现有教职员工 5 万多人，其中教授和讲师 8000 多人。值得一提的是，密歇根大学迪尔本分校坐落在美国汽车工业的发祥地——福特庄园之内。1959 年，在第二次工业革命的先驱亨利 · 福特去世之后，福特家族将其庄园的一大片土地捐献给了密歇根大学，密歇根大学立即在庄园内建成了迪尔本校区，旨在更好地服务于底特律的工业发展，为密歇根大学的历史增添了工业革命的印记。

多年以来，密歇根大学培养了许多对社会作出卓越贡献的杰出人物，包括 1 位美国总统、26 位诺贝尔奖得主、6 位图灵奖得主、8 位美国国家航空航天局宇航员、18 位普利策奖得主以及许多密歇根州的州长。其中有很多为大众所熟悉的名字，如美国总统福特、谷歌创始人拉里 · 佩奇、美林证券创始人查尔斯 · 美林、流行歌坛天后麦当娜、“飞鱼”迈克尔 · 菲尔普斯以及华人中的诺贝尔奖得主丁肇中等。密歇根大学在国际奥林匹克运动中亦大放光彩，共有近 300 名校友参加过奥林匹克运动会，获得了 200 多枚奖牌，其中包括多枚金牌。

密歇根大学安娜堡校区与城市融为一体，带动了整个城市经济和文化的繁荣和发展，也为这座城市创造了美好的生活环境。这里有全美最大的大学橄榄球体育场，每当有体育盛事时，全城就呈现出一片欢乐的海洋。一年中，小城常举办各种活动，包括音乐节、艺术节、美食节、文化节、电影节等。夜晚，这里数不清的音乐俱乐部和酒吧里面人声鼎沸，摇曳生辉。在密歇根大学的音乐厅和演出舞台上，常常有国际著名的艺术团体带来一场场音乐和舞蹈的盛宴。因此，安娜堡素有"小城的风格，大城的生活"的美誉。在每年美国最宜居城市排行榜中，安娜堡的综合指数总是名列前茅。

人文底蕴

选一个风和日丽的日子去密歇根大学中心校园走走，你会切身感受到这所大学美丽的环境和厚重的历史。在校区的中轴线上，首先看到的是那幢青灰色的研究生院大楼。沿着大楼前面宽阔的石阶拾级而上，就像是走向庄严的议会大厦。大楼坐北朝南，从最高层的台阶上回首望去，大学的中心绿地在脚下延伸，尽头是高高的研究生图书馆。右面不远处有一座高耸入云的钟楼，这座被称为伯顿纪念塔的钟楼高达 65 米，顶端装有世界上重量排名第四的大钟琴。钟声每小时都会响起，向人们传达着时光流动的信息。

如果是夏日，中心绿地上会有三三两两的学生或坐或躺，还有可爱的松鼠在周围轻快地跑动。沿着绿地向研究生图书馆方向走去，

密歇根大学伯顿纪念塔

很快会看到一座喷泉水池。池中有一座青铜海神的雕塑，从它扬起的嘴中不停地喷出欢快的水珠，水珠叮叮咚咚地掉在水里，溅起层层涟漪。如果你看到有学生从南向北轻轻地穿过喷泉，任由水珠打湿衣袖，可千万别去打扰。这是他们在履行毕业后的一种仪式——让泉水净化自己的灵魂，带着对学校的感恩走向四面八方。

离喷泉不远的地方有一座希尔音乐厅。这是校园内最大的艺术表演场所，也是密歇根大学的瑰宝之一。过去 100 多年来，这座音乐厅以其庄重恢宏的建筑风格和卓越不凡的音响效果而闻名，在音乐界享有盛誉。很多世界一流的音乐团体和个人都在这里演出过，包括纽约爱乐乐团、维也纳爱乐乐团、伦纳德·伯恩斯坦、埃尔顿·约翰、马友友、郎朗等。在 20 世纪 60 年代中期美国民权运动风起云涌的时候，这里也曾响起过马丁·路德·金洪亮的声音。

再向前走，你会看到两座 4 层大楼，其古朴的门洞和窗棂透出浑厚的历史沧桑感。这是密歇根大学的自然科学大楼和化学大楼。作为大学科学研究的重要场所，从这里走出了无数大师，包括几位诺贝尔奖获得者。大楼前面不远就到了位于研究生图书馆大楼下的对角广场。4 条道路在这里相交，对角线处的地面上有一个青铜的 M 标志，象征着学校的中心位置。无论春夏秋冬，很多学生在这里脚步匆匆，但都会小心翼翼地绕开那个 M 标志。相传，这个 M 标志是大学的守护神坛，不可被踏踩和亵渎。如果有谁不小心踩到了 M 标志，那他就要在当天的午夜伯顿纪念塔的 12 点钟声响起时，以最快的速度从大学自然历史博物馆门口到伯顿纪念塔的背后跑一个来回。如果他能在 12 点的钟声结束前完成这个来回，守护神就会原谅他的过失。

在研究生图书馆的东面是本科生图书馆，是一座窗明几净的 4 层现代化大楼。夜间，这里灯火通明，坐满了学生。如果你想见识美国学生如何拼命学习，就可以半夜时分到这里看看。绕过研究生图书馆大楼，道路对面出现了一片古色古香的建筑。这里是闻名遐迩的密歇根大学法学院庭院。庭院的四周是古朴典雅的小楼，中间是绿茵茵的草坪和葱茏的树木。抬头看去，迎面是一座高耸的哥特式建筑，在参天大树的相伴下蔚为壮观，像一座大教堂，又像一座神秘莫测的古堡宫殿。走进门去，一个恢宏古典的空间出现在眼前：哥特式的穹顶下是挑高的大厅，几个美丽的双层吊灯从空中垂下，温暖的灯光将四周照亮，透出华丽和温馨。四周高大的墙壁上方有几面巨大的玻璃窗，上面镶嵌着美丽的图案，静静地散发出艺术的气息。大厅摆满棕色的长条桌，桌面上古色古香的台灯与四周书架上的壁灯交相辉映。这是密歇根大学法学院图书馆的阅览室。作为世界上较大的法律图书馆之一，这里不仅有充满历史感的古典建筑，还有藏在地下的规模宏大的现代化空间。穿过阅览室大厅，通过台阶你就会进入另外一个天地——于 1981 年建在地下的 4 层图书大楼。经过巧妙的设计，外面的灿烂阳光可以穿过沿护城河安装的超大玻璃窗，直接照向地下各个楼层，营造出一个明亮安静的阅读空间。地下和地上融为一体，透出一种现代与古典遥相呼应的浓郁美感。

走出法学院古老的庭院，你会看到旁边的两座大楼。一座宫殿式的大楼是大学艺术博物馆，另一座高耸的红砖大楼是学生联合大厦。这两座大楼有着悠久的历史和文化，也为学生提供了宝贵的活动空间。1960 年 10 月 14 日，民主党候选人肯尼迪在凌晨 2 点来到了密歇根大学。他在联合大厦的台阶上，向聚集在这里的 5000 多位师生发表了激情的演说，首次提出了建立和平军的倡议，号召年轻人担当起社会的责任，为世界和平作出贡献。这个倡议不仅得到了在场师生的热烈响应，而且从这里传向全国，激发了美国年轻人为国家和世界作贡献的热情，并由此催生了肯尼迪总统在就职典礼上的那句历史名言：不要问国家为你做了什么，而要问你为国家做了什么。这句话激励了无数年轻人，仅密歇根大学就有 2000 多人义务加入了和平军。今天，这段历史被镌刻在密歇根学生联合大厦门口的墙上。

法学院图书馆阅览室

密歇根大学法学院庭院

如果是清晨来到这里，可别忘了到联合大厦旁边的空地上走走，看看那个前卫的艺术雕塑——旋转立方体。也许此时，你能看见校长正在认真地转动这个立方体。他这样做，只是为了响应那个传说：校长早上推动它，就能保证全校一天安全运行。由法学院向南不远处，有一座装有蓝色玻璃的现代化建筑。这是新的商学院大厦，每天都有无数学生穿梭在宽敞明亮的走廊和大厅中。他们或是走向教室上课，或是走向某个报告研讨会场。从他们匆匆的脚步声中和朗朗的发言声中，你能感受到这些未来商业管理者的认真和自信。这里是那个经常扰动美国金融市场的"大众信心指数"诞生的地方，也是每年举办中国问题研讨会的场所。

在金秋十月美式足球比赛的季节，如果是密歇根大学狼獾队对垒劲敌俄亥俄州州立大学七叶队，那你最好在比赛的前一夜去大学自然历史博物馆看看。这座历史悠久的博物馆门前有两尊美洲狮雕像。传说每年此时，这两只美洲狮会发出铜钟般的吼声，为密歇根大学的"狼獾"们助威。第 2 天，在容纳 12 万人的美式足球场上就会有震天动地的回响。

1964 年 5 月 22 日，在这座被称为"大房子"的美式足球场上，美国总统约翰逊做了具有历史意义的演讲，首次宣布了他关于"伟大社会"的设想。他郑重地向正在经历动荡的美国社会呼吁："我们不仅有机会建立富裕和强大的社会，还有机会建成伟大的社会。"正是在安娜堡明媚的阳光下，约翰逊总统说出了他一生引以为傲的两句话："除非我们的城市伟大，否则我们的社会永远不会伟大。""我们必须给每个孩子一个可以学习的地方和一位优秀的老师。"

科技之光

如果你还有时间，一定要坐上大学的蓝色校车去北校园看看。

校车一路向北跨过美丽的休伦河，不一会儿就驶进一片连绵起伏、绿树簇拥的丘陵地带。这就是风景如画的北校区。这里坐落着密歇根大学工程学院、建筑与城市规划学院、艺术与设计学院以及音乐学院。

1952 年，密歇根大学开始建设占地约 3 平方千米的北校区。与中心校园的古典建筑不同，北校区的建筑具有现代主义风格。沿着蜿蜒的道路来到北校

密歇根大学北校区

区，首先看到的是艺术与建筑大楼。大楼走廊的两侧展示着学生的建筑设计和艺术作品，一件件作品不仅表现出不同的艺术风格，也展现出许多有趣的奇思妙想。

不远处是一座4层的现代化图书大楼——工程和艺术图书馆。高大宽敞的图书馆内不仅提供各种各样的书籍、刊物，还为学生和研究人员提供完善的信息服务和各种实训空间。这里有先进的媒体视频工作室，包括专业照明、摄影、录音以及后期制作的各种软硬件设备。图书馆的一边是工学院中心广场，上面有一座60米高的钟楼。另一边是电子信息工程大楼，其入口处有一座半身青铜雕像。雕像是一位低头沉思的学者，朴实而低调，似乎不愿打搅匆匆进出大楼的师生。你若是第一次走过这里，一定要停下脚步仔细端详这位学者，因为他是被称为"信息论之父"的克劳德·香农。

香农出生于密歇根。20世纪30年代从密歇根大学获得电气工程和数学学位之后，他发表了一系列奠定现代信息理论基础的论文，尤其是他在20世纪40年代发表的那篇经典论文《通信的数学理论》，从根本上揭示了数字通信的巨大潜力，从而迎来了数字通信新时代的曙光。雕像中香农的左手拿着一张纸，上面写的正是他那个划时代的信息通道容量公式。

不久之后，计算机的发明为香农的现代信息理论插上了翅膀。也许是一种历史的巧合，从密歇根大学走出的另一位校友、香农的学弟阿瑟·伯克斯参与了世界第一台电子计算机——ENIAC的开发，并且主导了其主程序的设计，由此正式开启了信息时代的大门。当ENIAC退役之后，这台世界首创的计算机成为第三次工业革命的宝贵遗产。为纪念伯克斯所作出的杰出贡献，这台计算机的一部分主面板被赠送给了密歇根大学，目前陈列在另一座工程大楼进口处的玻璃柜中，与信息时代的先驱香农遥遥相望。

完成了第一代计算机的设计开发之后，伯克斯博士回到了母校密歇根大学，组建了电子信息工程系，培养了一代又一代电子信息工程人才。21世纪初，当人类社会进入以网络和智能为标志的第四次工业革命之际，从这里走出的另一位校友——拉里·佩奇，作为谷歌的联合创始人，引领了当今智能科技的潮流。无论是在信息时代还是在智能时代，密歇根大学的校友都作出了原创性的贡献。

走进香农雕像旁的另一

现代信息理论先驱——克劳德·香农

栋工程大楼，你会看到一个醒目的铭牌：吴贤铭先进制造工程中心。这是美国制造工程大师吴贤铭教授开创的实验室和研发中心。吴教授一生孜孜不倦，培养了100多位博士生。毕业之后，这些博士生活跃在制造工程领域，成绩斐然。在美国制造工程学术界，大约有1/4的学者与吴教授有师承关系，因此学术界有“吴氏学院”的佳话。吴教授的学生有不少来自中国，如华中科技大学原校长李培根博士、博世中国总裁陈玉东博士、上海交通大学密歇根学院开创院长倪军博士以及密歇根大学原副校长胡仕新博士等。

在电子信息工程大楼不远处有一座航空航天工程大楼，这里有美国历史最悠久的大学航空专业。100多年来，从这里走出了6000多位航空航天工程技术人员，其中包括5位绕地球飞行的宇航员。在这5位宇航员中，有3位登上了月球，1位完成了第一次太空行走。尤其值得一提的是，阿波罗15号登月飞船上的3位宇航员都是密歇根大学的校友。正因为如此，他们满足了最少3人才能成立校友会的条件，在月球上成立了密歇根大学月球校友会。他们带着20面密歇根大学校旗遨游太空，相传在月球上留下了一面校旗和一份文件，上面写着：兹证明密歇根大学月球校友会正式成立，并享有该会章程规定的所有权利。

在航空航天工程大楼后面藏着一座地标式的艺术品——波场。这是一片按照特定的波纹形状建成的立体草坪雕塑，在一天中不同时段的阳光照射下会呈现出奇特的光影。这座立体雕塑是华盛顿越战纪念碑的设计者、华裔艺术家林璎的作品，于1995年完成。来到这里，你可以在波场旁稍事停留，仔细看看在时光的流逝中，人造的波形怎样与阳光共舞，静静地享受人与自然静美的一刻。

北校区除了工程和艺术图书馆，还有2座非常珍贵的图书馆：本特利历史文献图书馆和福特总统图书馆。前者保存着学校和社会发展历史中许多珍贵的原始文献，后者是为美国第38任总统杰拉尔德·福特修建的总统图书馆，归国家档案局管理。馆中珍藏着福特总统1974年至1977年在任期间的各种书籍和文件资料，包括3000多小时的音频、3000多小时的电影胶片、2000多万页的文档以及40多万张照片。福特总统图书馆于1981年4月27日向公众开放。这是美国唯一建在大学校园中的总统图书馆。

中美建交的历程由尼克松总统开始，由福特总统接棒，最后由卡特总统完成。福特总统于1975年对中国进行历史性的访问，正式确定了两国建交的意愿。那一年，邓小平副总理以周恩来总理的名义举行了欢迎宴会。有关那些历史性场面的许多照片、视频和纪念品都保留在福特总统图书馆里，其中包括一份由福特总统夫人带回来的宴会菜单，生动地展现了那个历史瞬间。

在北校区一个流水淙淙、森林环抱的地方，有几座造型优美的建筑连成一片，这是密歇根大学音乐与戏剧学院。这里的教室和舞台上曾经活跃着许多杰出人物，其中不乏华人的身影，如华裔演员刘玉玲、中国国家大剧院音乐总监陈佐湟、作曲家盛宗亮等。

艺术撷萃

在密歇根大学的12个博物馆中，首屈一指的是艺术博物馆。这座历史悠久的博物馆建筑规模宏大，气势雄伟。走进博物馆的大厅，两排石柱撑起高高的玻璃天穹，四周展示着许多古典油画和几座洁白的大理石雕塑，艺术气息迎面而来 。

这座艺术博物馆不仅创造出一个艺术收藏和陈列的优美空间，还通过对各种艺术作品的观摩、讨论与研究，为师生们提供了一个广泛和生动的艺术交流与体验空间。位于 2 楼的展厅经常举办来自世界各地的艺术展览。通过这些活动，学生可以触摸到各种文化和艺术的脉搏，从而了解世界各个国家和地区的文化特点。随着 2009 年艺术博物馆的扩建，一种新的"艺术城市广场"的理念在这里形成。博物馆将 2 万多件艺术珍品以"开放存储"的形式向公众展示，并举办一系列研讨活动，开创了一个集视觉、表演和艺术讨论于一体的交流平台。

艺术博物馆丰富的藏品中包括世界各地不同时期的各种艺术精品，其中亚洲艺术品超过 4 万件，涵盖中国、日本和韩国的绘画和陶瓷，印度的宗教雕塑和微型绘画，东南亚的佛教雕塑以及各地的纺织品和民间艺术等多个种类。密歇根大学艺术博物馆设有亚洲文物修复室，而这种修复室在美国仅有 4 家，其他 3 家在纽约大都会博物馆、波士顿艺术博物馆、华盛顿费瑞尔美术馆里。

艺术博物馆对中国艺术品的收藏以其广度和深度而闻名。博物馆里收藏了从新石器时代到 20 世纪的近 400 件中国青铜器和陶器。馆藏的 200 多件中国绘画作品生动地展示了中国各个历史时期的绘画艺术。2021 年秋，艺术博物馆还收到中国著名教育家罗家伦后代的一笔慷慨捐赠，包括中国历代书法作品 72 件，其价值高达 1200 万美

密歇根大学艺术博物馆

元。这些书法作品来自元、明、清以及民国时期，包括杨维桢、文徵明、陈独秀、蔡元培、徐悲鸿、张大千等人的墨迹。这项捐赠为博物馆增添了研究中国近代艺术的第一手素材，也为研究 20 世纪初中国知识分子的思想提供了宝贵的依据。

创新天地

人工智能和无人驾驶技术是当前第四次工业革命中的核心技术。为了引领这些核心技术领域的创新和发展，密歇根大学在北校区建立了 2 个重要的研发基地：2015 年揭幕的“Mcity”无人驾驶实验街区和 2021 年启动的福特机器人研究院。

多年来，密歇根大学一直致力于研究下一代智能交通系统，投入巨资在安娜堡市区的特定街区道路上安装了智能交通系统的传感通信网络，目前已有3000多辆装有传感器的汽车在路上行驶。在一个涉及生命安全的交通技术的研发过程中，还必须在一个可控制、可重复的实验条件下反复地实验和验证才可能成功。为此，密歇根大学耗资1000万美元建造了"Mcity"这个专门的无人驾驶实验街区，里面建造了城市交通的主要环节，包括高速公路及其出入口、有信号灯的十字路口、桥梁、铁路交叉口、环形路口、自行车道、上下坡道、地下通道等。

密歇根大学"Mcity"无人驾驶实验街区

在智能网联和无人驾驶技术的推动下，过去城市

以汽车主导的空间将转化为更安全的、以人为本的空间。在密歇根大学的推动和支持下，安娜堡很快将成为拥有 20 多个智能十字路口的所在地。这些十字路口能够实时收集和传输信息到联网的汽车上，为无人驾驶汽车的实施创造条件。作为密歇根大学研究项目的一部分，名为“Mcity”的无人驾驶班车已经行驶在密歇根大学北校区的路上。

福特机器人研究院是密歇根大学工学院和福特汽车公司合作的研发中心。这座耗资 7500 万美元的研发大楼于 2021 年春天正式启用。大楼 1 层到 3 层设有专门用于机器人飞行、行走、打滚及模拟人体的实验室，还有教室、办公室和创客空间。第 4 层设有福特汽车公司的机器人和移动出行实验室，将有 100 多名福特工程师在这里工作。

机器人研究院的目标是开发以人为中心的机器人与智能系统。这里设有步行机器人实验室，用以开发和测试有腿机器人；康复实验室，用于开发高级假肢和机器人控制；飞行区，用于室内测试无人机和其他自动驾驶飞行器；人工智能（AI）设计的“机器游乐场”室外障碍训练场。这里还有密歇根大学和美国宇航局（NASA）行星科学家合作设计的火星船坞，用以在模拟火星的表面上测试火星车和着陆器。

中国之缘

密歇根大学与中国有着千丝万缕的联系，这是密歇根大学的理念使然，也是历史的机缘。作为现代化大学的先驱，密歇根大学很早就将眼光投向了世界，从地域上跨越大洋和国界，从教育内容上跨越了种族和文化。打开密歇根大学200多年的历史画卷，与中国的交流有着浓墨重彩的一页，其中有两位关键人物作出了不可磨灭的贡献：一位是密歇根大学任期最长的校长詹姆士·安吉尔，另一位是密歇根大学校董莱维·巴布。

安吉尔于1871年被聘为密歇根大学第三任校长，其时正值中国的晚清末年。在中国，由于鸦片战争的屈辱和对一些不平等条约的反应，民众反洋反帝的情绪高涨。在美国，淘金热和铁路修建吸引了大批华人劳工涌入美国，引起了公众的不满，反对华人劳工的呼声甚嚣尘上。在这个历史关头，安吉尔校长被美国总统派往中国就限制华人劳工进行谈判。1880年，安吉尔来到中国，以诚恳和务实的态度，很快和大清政府签订了《安吉尔条约》。虽然这个条约有严格限制中国劳工的条款，但富有远见卓识的安吉尔校长在条约中坚持加上了保障中美交流的重要条文，即对华人的限制不包括专业人士，同时要保障已在美国的中国劳工的权益。随后，安吉尔作为美国公使在中国生活了两年，深入了解了中国的国情和文化，更坚定了他与中国交流的信念。

两年之后，安吉尔完成了使命回到密歇根大学继续担任校长。不久，美国国会通过了排华法案。安吉尔校长以他签署的条款为依据，坚持为中国学生赴美留学打开大门。20世纪初，"义和团运动"被镇压之后，八国联军对中国政府提出了巨额赔款，史称"庚子赔款"。安吉尔与其他教育家一道，说服美国国会通过一项决议，免除了大部分中国政府的赔款，并用这笔钱建立了"促进中国教育和文化发展基金会"。在这项基金的资助下，清华学堂于1911年在北京成立，还有

3 批中国留学生来到美国学习，密歇根大学是接纳这些中国留学生的5 所大学之一。在安吉尔任校长的几十年中，密歇根大学坚持接收中国留学生和学者，成为那时美国排华逆流中的一股清流。坚持大学的国际化是安吉尔校长留给密歇根大学的宝贵精神遗产。

密歇根大学是美国较早实行男女同校的大学之一。1892 年，作为中国的第一批留美学生，两位中国女子——康爱德和石美玉来到了密歇根大学医学院。4 年之后，这对来自东方古国的姊妹花以优异的成绩双双获得医学博士学位。毕业典礼那天，两人身穿美丽的丝绸旗袍，从安吉尔校长手中接过毕业文凭，非常引人注目。梁启超曾撰文盛赞两人“昂然儵然、服中国之服”“翘然异于众”。安吉尔校长也由衷赞叹道：“她们卓越超群。”毕业之后，两人结伴回到国内，在动荡不安的清朝末年，积极开设学校、筹办医院，为开创中国现代医疗体系作出了巨大贡献。

康爱德和石美玉是密歇根大学校友史上两朵绚丽的鲜花，她们回到中国后的不平凡经历感动了许多密歇根大学的教授和管理人员，其中一位是时任大学校董的莱维·巴布。在了解康爱德和石美玉在中国的事迹之后，他深感大学应为更多的东方女子开放，以推动东亚地区社会的进步。于是，他向密歇根大学捐款，建议设立面向东方女子的专项奖学金。1917 年，密歇根大学正式推出了以他的名字命名的巴布奖学金，专门资助东方女子来密歇根大学求学，让她们回馈本国社会。迄今为止，共有来自中国、印度、日本、土耳其等 27 个国家的700 多位女性受惠于巴布奖学金而来到密歇根大学。早期巴布奖学金获得者中有许多来自中国的杰出女性，她们学成之后大多数都回到中国，为中国社会作出了巨大的贡献。例如，两度来到密歇根大学求学的巴布学者丁懋英，1922 年从密歇根大学学习之后回到中国，历任天津医院院长、国际救济委员会主席。在动荡不安的中国，她出版医学书籍，并四处奔走，为建立中国的现代化医疗体系起到了重大推动作用。另一位巴布学者吴贻芳，于 1928 年获密歇根大学博士学位之后，回到中国任金陵女子大学首位中国籍校长。吴贻芳一生历经过多次社会变革，成为杰出的教育家和社会活动家。新中国成立之后，她曾任江苏省教育厅厅长。1979 年密歇根大学授予她"和平与智慧女神"奖。

中国近现代史上有许多杰出人物曾经在密歇根大学求学。除了前

安吉尔校长

学生时代的石美玉（左）和康爱德（右）

文提到的，还有主笔起草《中华民国宪法第一草案》的吴经熊、中华民国时期的物理学女博士何怡贞、中国医学泰斗黄家驷、海洋植物学开创者曾呈奎、中国核能时代先驱王承书等。

1949 年之后，由于世界地缘政治冲突，中美两国有长达 20 余年的敌对状态，两国交流完全中断。1971 年，美国乒乓球代表团应邀访问了中国。随后，中国乒乓球队应密歇根大学的邀请于 1972 年访问了美国。促成这次访问的是密歇根大学经济学教授亚历山大 · 埃克斯坦教授，他也是“美中关系全国委员会”的创会成员。访美途中，中国乒乓球队第一站就来到了密歇根大学，受到了热烈的欢迎和接待。这两次乒乓球队的访问是中美“乒乓外交”的破冰之旅，标志着中美两国长期封闭之后正式交往的开始。2017 年 9 月，为了纪念历史性的“乒乓外交”45 周年，中国乒乓球代表团又一次访问了密歇根大学。包括梁戈亮在内的中国乒乓球新老世界冠军，在密歇根大学校园内与当年“乒乓外交”的经历者们欢聚一堂，抚今追昔。密歇根大学又一次见证了中美两国的友好情谊。

正是由于密歇根大学与中国深厚的历史渊源，两国关系的封冻并没有阻碍密歇根大学对中国的关注和研究。密歇根大学的中文图书馆收藏了许多中国的图书和历史文献，成为北美地区中国图书资料较多的图书馆之一。1961 年，密歇根大学成立了中国研究中心，聚集和培养了一批关注中国、了解中国的专家和学者，积极参与了推动中美关系正常化的整个过程。1973 年，密歇根大学孟旦教授率领美国最早的一个教育工作者代表团访问了中国。同年，密歇根大学中国研究中心的费维恺教授也访问了中国，并和夫人梅贻慈教授一道与周恩来

中国乒乓球队 1972 年访问密歇根大学情景

总理进行了会面。那一年，密歇根大学中国研究中心的另一位教授——里查德·所罗门被尼克松总统聘任为内阁中国事务高级顾问，后来他继续担任福特总统的中国事务高级顾问。1975 年 12 月，所罗门教授参加了福特总统历史性的中国之旅，并陪同福特总统与毛泽东主席和邓小平副总理进行了会谈，增强了两国最高首脑的相互了解和信任。

1976 年，佛莱明校长率领密歇根大学代表团对中国进行了为期

3 周的访问，这是自 1949 年以来，美国大学学术代表团首次踏上中国大陆的土地。1977 年，密歇根大学政治学系教授、中国研究中心主任奥森伯格教授被卡特总统任命为特别助理和内阁中国事务高级顾问，对卡特总统确定于 1979 年 1 月正式与中国建立外交关系的决策起了重大推动作用。在后来的克林顿总统时期，密歇根大学中国研究中心的另一位主任——李侃如教授，成为克林顿总统的特别助理和内阁中国事务高级顾问，为中国取得最惠国待遇和后来加入世界贸易组织起了重要作用。

21 世纪以来，密歇根大学进一步加强了和中国大学的合作关系。2005 年，密歇根大学妇女研究所和复旦大学历史系合作在复旦成立了妇女研究中心。2006 年，密歇根大学与上海交通大学合作建立了上海交通大学密歇根学院。2010 年月，北京大学医学部和密歇根大学医学院联合成立临床与转化医学联合研究所。近年来，密歇根大学与中国很多高校建立了教育和研究的合作关系。

密歇根大学与中国交流的这些非凡历史，在密歇根大学陈育庆教授所著《密歇根大学的中国缘》一书中有详细的叙述。

密歇根大学迪尔本分校位于美国国家重要历史遗址、被称为美国汽车工业的发祥地——福特庄园之内。20 世纪初，亨利 · 福特和汤姆斯 · 爱迪生两人以其流水生产线和电气化的革命性创新，掀起了第二次工业革命的浪潮。获得巨大成功之后，老福特在家乡迪尔本地区购置了大片土地和原始森林，建造了这座庄园和与其相连的原始森林植物园。爱迪生帮助老福特在庄园内建了水力和火力发电站，老福特也在庄园内为爱迪生建造了专用房间。在后来近半个世纪的生活当中，两位工业革命老人在这座庄园内度过了许多美好的时光。庄园的花径和森林小道上留下了他们无数的脚印和思想碰撞的火花。1959 年老福特去世之后，其后代将整个庄园包括原始森林植物园捐献给了密歇根大学。密歇根大学立即将庄园的一部分建成了密歇根大学迪尔本校区。

迪尔本校区与福特汽车公司全球总部相邻，福特全球研发中心以及福特博物馆、福特绿野村、美国汽车名人堂近在咫尺。在迪尔本校区方圆 20 英里（约 32 千米）的范围内，聚集着无数汽车研发中心以及许多美国"500 强企业"总部。迪尔本校区拥有 4 个学院——文理学院、工程与计算机科学学院、商学院、教育与卫生健康学院，目前在校生近 1 万人。从 2010 年开始，迪尔本分校陆续和中国多所高校建立了教育合作关系，其中包括西安交通大学、华中科技大学、电子科技大学、西北工业大学、东南大学、华南理工大学等知名院校，先后有 600 多位学生通过交流项目来到迪尔本分校学习。

创新未来

2021 年末，密歇根大学正式公布了一项建立底特律创新中心的规划。按照规划，密歇根大学将在未来两年内投入 3 亿美元，在底特律的中心地带建造一个现代化的高科技研发和教育园区，专注于当代先进技术的研究和人才的培养。创新中心还包括一个技术孵化空间和创业的平台。为此，密歇根大学将投入 4000 万美元翻新位于市中心的一座著名的历史建筑，将其打造成为底特律的创新之家，积极鼓励学子们创业的热情，并吸引一些创新公司来底特律 。

未来人才的培养是一座城市和产业可持续发展的重要保证。密歇根大学通过底特律创新中心的建立，将教育和科研的触角切实地伸进“汽车城”的中心地带。这里将为学生提供大学本科和研究生的课程学习，同时提供科研的实习机会以及职业发展所需要的技能培训。基于底特律创新中心的建立，密歇根大学将进一步强化与底特律市已有的数百项合作计划结合。这些计划涵盖中小学教育的合作、市区商业发展计划以及与市政府和社区组织的许多合作研究课题。在不远的未来，底特律创新中心将与底特律的其他科技园区连为一体，其中包括福特汽车公司的智能移动创新园区、底特律科技城以及韦恩州立大学科技园区，为底特律这座工业革命之城增添无限的创新活力。

通过这些努力，密歇根大学将进一步履行对社会、对“汽车城”底特律的复兴和发展所负有的历史责任。密歇根曾经是工业革命的发祥地，也是众多产业的机遇之乡。可以想象，在社会和科技正在和将要发生重大变革的时期，密歇根大学一定会以其长久积累的教育和创新的底蕴，以立足本地、放眼全球的格局，继续为社会、为人类作出应有的贡献。

教授们的教授

初夏的5月，风和日丽，绿树成荫，是北美大地一年中旅游的最好时节。但是对制造工业界的人来说，1993年的5月却异乎寻常。世界各地与制造工程有关的专家和学者纷纷来到地处美国中南部的俄克拉何马州的静水城，参加由美国国家科学基金会举办的历史性盛会——20世纪切削与磨削研究回顾展。老辈新秀，共襄盛举，可谓工程界群星荟萃、济济一堂。

切削与磨削是现代制造工程必不可少的基础，而制造工程又是与人们的生活息息相关的工业生产的支柱。20世纪是人类工业生产发展速度最快的时期，人类生活水平提高了一个层次。在这次切削与磨削研究回顾展上，人们抚今追昔，深深缅怀和感激20世纪以来在切削与磨削研究中默默耕耘的先驱和大师们。在这次活动中，特别展出了从现代制造工程的开山鼻祖泰勒到老当益壮的哈姆等23名国际知名大师的生平及其杰出贡献。其中有两位华裔科学家，一位是伊利诺大学的赵佩之教授，另一位是密歇根大学的吴贤铭教授。

砥砺成名

吴贤铭教授1923年出生于中国浙江省杭州市，早年几经战乱，数度辍学，于1945年毕业于上海交通大学财务管理系，后曾任上海货运站站长、台北站站长。1954年，而立之年的吴教授负笈西游，经过28天的海上漂泊来到美国。他先于1956年从宾夕法尼亚大学沃顿商学院取得企业管理硕士学位，后转学工程，分别于1958年、1962年从威斯康星大学机械系取得学士、博士学位，时年已经39岁。之后，吴教授任教于威斯康星大学，并于1966年倡办生产工程分部。1987年，吴教授应聘到密歇根大学任制造工业讲座教授。1990年，吴教授创办了美国国家科学基金会工业与大学联合制造工程研究中心，并出任首届主任。

多年以来，吴教授以一介学子之身，砥砺耕耘，贡献卓著，成为制造工程界举世公认的大师及权威。他是最早将高等统计理论应用于制造工程研究的先驱。在这之前，用于工程中的统计方法总需要有一个不可或缺的假设条件，导致数据之间相互独立。吴教授指出：绝大多数工程与制造工程不满足这种条件，并且由于这种假设而失去了大量的有用信息。他进而指出并证实，不需要数据独立假设条件的时间序列分析与实际制造系统及过程有着更紧密的关系。由此，他将时间序列分析方法和系统分析及制造理论相结合，创立了一套崭新的工程数据分析方法——动态数据系统理论。他将这种方法推而广之，应用于天文观测、地震预报、健康统计、经济评估以及工程监测与控制等诸多领域。尤其是对制造生产，吴教授更是独辟蹊径，发展出一套实用、有效的、增进大规模自动化生产的方法。他利用先进的计算机技术对生产过程中的各种数据进行在线处理，建立统计系统模型，从而进行实时监控，有效地提高了加工精度和生产率，并降低了成本。他将由此衍生出的一种方法称为"不需精密机器的精密加工法"。吴教授的这套理论，经过几十年的研究、验证、修改、实践，为现代工业生产提供了一套全新的方法，广为美国工业界，尤其是三大汽车公司——通用、福特及克莱斯勒所采用，显示出巨大的经济效益。

如何将学术成果转化为工业实践，一直是美国乃至世界学术界面临的一大难题。对此，吴教授独树一帜，堪称典范。作为一名学者，吴教授无疑是杰出的。他曾在《科学与工程》杂志上发表了300多篇论文。他与学生合写的经典专著《时间序列与系统分析及其应用》已成为学术界的一个里程碑。他是美国机械工程师学会最高荣誉会员、制造工程学会最高荣誉会员、国际生产工程学会会员、北美制造工程研究院理事，所获各种奖项不胜枚举。更难能可贵的是，吴教授对推动其理论的工业应用也是身先士卒，不遗余力。他常常说："工程研究的最初动机应该是工业应用。"他所主持的研究项目均源于工业生产的实际过程，因而摒弃了一切与实际不符的假设条件。

正因为这样，吴教授与美国工业界，尤其是制造工业界建立了广泛、深入的联系。他曾任包括美国三大汽车公司在内的30多家公司的顾问。来到密歇根大学之后，吴教授更是如鱼得水，专注于制造工程研究的工业应用。在他繁忙的日程表上，每周至少下厂一次，而由其指导的博士生和学者也常年在生产第一线。1991年后，他主持了多项由美国商务部及国家科学基金会资助的、有三大汽车公司参与的研究项目，资助逾千万美元，丰果硕硕，有口皆碑。以至三大汽车公司制造工程研究和主管人员提起“山姆吴”（吴教授的英文名字）大多都知道，无不称赞。1992年2月，当吴教授荣获“蒋氏科技成就奖”和“密歇根大学卓越成就奖”后，密歇根大学工学院院长彼得·贝克斯、通用公司副总裁约翰·格瑞顿保格、福特汽车公司副总裁凯尼斯·科尔斯和克莱斯勒汽车公司总裁罗伯特·路兹4人联合发起，为吴教授专门举办了盛大庆祝会，场面之隆重、热烈，开了工业界和学术界巨头专门为一名工科教授庆贺的先河。

教授的摇篮——吴氏学院

在制造工程学术界，有一个为人称道的“吴氏学院”。至今吴教授共培养出114位制造工程博士、86位硕士以及36位博士后，其量之多，其质之高，在世界工程教育史上无人可比、堪称一绝。这些学生遍布世界各地，活跃于制造工程研究工作和发展的各个领域，其中有的成为美国工程科学院院士，有的任制造工程师学会主席，有的任工程学刊主编等。据统计，目前在北美各大院校从事制造工程研究的专家学者当中，有近1/4可溯源于吴教授。而这些学生的一代代学生又组成了一个名副其实的“吴氏学院”。从最新绘制的“吴氏学院”家谱来看，洋洋洒洒，已有四世同堂，以至于在各届制造工程的年会上，新老学生相聚，长辈各报辈分，少辈则按谱认祖，传为佳话。

吴贤铭教授

天分、机遇、勤奋，这三项成功条件的比例，是人们常常争论不休的话题。吴教授常常对他的子女和学生说：“天分由天，机遇难求，唯有勤奋你我都可以做到。”他以自己为例，称自己在工程方面并没有特别的天分，而要做成一些事，并不见得一定要有特别的天分，普通人都可以做到，只要多一分自己可以掌握的决心和毅力。吴教授从事工程研究的生涯是在33岁以后，从学士学位开始的，那时他并没有考取任何奖学金，而是靠勤工俭学，暑假去芝加哥附近一家高尔夫球俱乐部打工、擦皮鞋，来挣得学费和生活费。自从在威斯康星大学任教以来，吴教授几十年如一日，每周工作 7 天、6 晚，70 小时以上。他办公室的灯光，除周六以外，几乎每天都是午夜之后才熄灭的。跟随他的青年学子渐渐都养成了这种习惯，不堪其苦、中途而退的人也有不少。吴教授今日的成功，就像他常常说的："对于如我一样的平常人，天分加机遇不足一分，而勤奋才是成功的必要条件。"

吴贤铭教授于 1959 年与崔德娴女士结为伉俪。这对生活上相濡以沫、事业上并驾齐驱的模范夫妻赢得了所有认识他们的中外人士的尊敬和爱戴。崔女士出生于中国上海市，早年从图书馆教员做起，以一个纤纤东方女子的韧性，一步一步升任威斯康星大学颇具盛名的斯坦贝克农学及科学图书馆馆长，成为威斯康星大学职位最高的华裔女性。随吴教授来到密歇根大学以后，她出任科学与工程图书馆馆长。几十年来，人们常常看到他们一同上下班、相互扶持的情景。尤其是崔女士，除了自己的全职工作，还把家中的生活琐事操持得井井有条，使吴教授能够全力集中于自己的工作。每逢节日或有学生毕业，被学生称为师母的崔女士会亲自下厨，烹调一席丰盛的家乡美味，请大家来家里聚会庆祝。这种聚会尤其是使远离家乡的中国学生在紧张的学习之余，享受到了家庭的欢愉，一解乡愁。毕业多年的学生相聚一起，仍对当年师母所给予的种种亲情与温暖津津乐道。吴教授多次对我说，他的任何重大决定，都是在崔女士的支持下才能做出的，所以对于他来说，崔女士才是最重要的。这些出自一位德高望重的长者的肺腑之言，凝聚了多少爱和情。

情系中国

吴教授不但谆谆教诲自己的学生不要忘本，自己更是身体力行，为提高中国制造工业水平、促进科技发展而尽心尽力。自 1976 年首次回中国后，他频繁往来于中美之间，竭力将自己所学带回中国。1979 年，吴教授率美国生产工程代表团赴中国，并且在上海和北京两地亲自讲学，首次将其"动态数据系统"的理论传入中国，引起了国内机械工程及其他领域的学者和工程技术人员的广泛关注与兴趣。之后，吴教授广纳中国学生、学者，提供资助和研究条件，为中国培养了一批优秀的制造工程研究人才。这些学生、学者回国以后，活跃于提高中国制造工业水平的各个领域，成为中坚力量。1983 年，由这些学生和学者发起，在中国成立了以应用研究为主体的"全国高等院校机械工程时序应用研究会"，并先后在华中理工大学、西安交通大学、南京东南大学等地举办了多次全国性的学术会议。与此同时，在中国概率统计学会的主持下，于 1984 年举办了时间序列分析与应用会议，由此推动了中国制造工程与生产实践的结合，缩短了中国在这方面同世界先进水平的差距，初步实现了吴教授"西学中用"的夙愿。

1991 年初，香港实业家蒋震博士尽数捐出其资产 1 亿多美元，建立了"蒋氏工业慈善基金"，并设立"蒋氏科技成就奖"。这项大奖的奖金达 10 万美元，为当今工程界最高奖项，堪称工程界的"诺贝尔奖"。该奖项的首奖仅设一名，由包括中国科学院院长周光召先生和诺贝尔奖得主李远哲先生在内的评审委员会在全世界华裔专家学者中提名审查。经反复筛选，最后众望所归，评审委员会把首奖颁给了吴贤铭教授。同年底，在中国香港举行的隆重颁奖仪式上，吴教授感慨万千，勉励全世界的华夏儿女为中华腾飞尽心尽力。之后，他将10万美元奖金全数捐出，用于制造工程的研究发展。

正当吴教授踌躇满志要大展宏图之时，却不幸由于一起医疗事故，于1992年10月28日溘然长逝，时年68岁。吴教授的猝逝，无疑是中美乃至世界制造工程界的一大损失，震动了整个制造工程界。美国《纽约时报》《世界日报》以及各有关工程学报、会刊对此均有报道，高度评价了吴教授一生为制造工程所作的贡献。密歇根大学校长和工学院院长亲自主持了吴贤铭教授的追思会。北美制造工程界作出决定，从1994年开始举办以吴教授名字命名的国际学术会议，即“吴贤铭制造工程科学研讨会”，首届分两地举行，5月在美国芝加哥的西北大学举行，7月在中国北京的清华大学举行。

在20世纪切削与磨削研究回顾展上，大会主席柯曼杜里博士特别赞扬了吴教授的杰出成就，称吴教授不能到会是这次活动的最大遗憾。在一次大型午餐会上，北美制造工程研究院院长德伏尔博士专门为吴教授的一生贡献作了十分感性的致辞，称美国以及世界工程界将永远怀念吴教授，这段致辞也博得了与会者长时间的掌声。

吴贤铭教授，这位来自中国的学者，几十年来坚韧不拔、默默耕耘，在世界制造工程科学领域中创出了一片灿烂的天地，赢得了海内外同行普遍的尊敬和爱戴。这不仅是他个人的荣誉，更是所有华夏儿女的骄傲。他不愧一位美国学者在题词中由衷称赞的那样：

一位无知世界里的善良智者，

一位观望人群中的实践者，

一位超脱短浅、高瞻远瞩的思想者，

一位鄙视无信、忠守诺言的长者，

一位战胜平庸、不断奋进的勇士，

一位领袖，

一位良师，

一份无尽的财富，

一位真正的朋友。

密歇根大学无人驾驶技术探究

无人驾驶是百年汽车工业的一个崭新高度，也是人们对智慧出行梦寐以求的目标。

1969 年 7 月 20 日，美国阿波罗卫星登月成功。宇航员阿姆斯特朗的那句“我的一小步，人类一大步”的名言被载入了史册。巧合的是，46 年后的同一天，密歇根大学工学院也走了一小步：一个无人驾驶的封闭式实验街区——Mcity 于 2015 年 7 月 20 日正式开放。

这是世界上第一个专门测试无人驾驶技术的实验场所，也是大学、工业界和政府三方联合进行高科技研究的一个典范。

经过 7 年多的不懈努力，Mcity 从一个试验场所已经发展成为一座世界一流的无人驾驶技术研发中心。这里拥有世界上最大的无人驾驶自然试验基地，同时建立了庞大的云间无人驾驶数据库、无人驾驶实验操作控制系统以及和美国其他研究院联网的实时试验环境。

与社会和媒体对无人驾驶技术的一些超前想象和浮躁不同，密歇根大学在脚踏实地地研究与无人驾驶相关的各类技术。密歇根大学的技术路线是从智能辅助驾驶循序渐进地向无人驾驶发展，而不走一步到位的路径。

近年来，从拉斯韦加斯电子商品展上各种无人驾驶技术的高调亮相，到许多汽车和科技公司陆续对无人驾驶商业计划的激进宣誓，一些媒体开始大肆宣称无人驾驶会比人们想象的时间更早地到来。

当前社会和业界弥漫着一种浮躁，似乎无人驾驶就在眼前，谁不抓住它就会被淘汰，造成了资本市场上的压力和业界的普遍焦虑。

无人驾驶真的指日可待了吗?

作为密歇根大学 Mcity 项目的长期参与者，我的回答非常简单：无人驾驶不是指日可待，而是非常遥远。

主观能动性是实现无人驾驶的必要条件

要问为什么，首先要了解什么是无人驾驶和我们需要怎么样的无人驾驶。

无人驾驶技术位于汽车自动驾驶技术的顶端。按照美国自动车工程学会对自动驾驶的五级分类，第一级至第三级为有人的自动驾驶，或称为辅助自动驾驶，即人仍然要为驾驶的最后决策负责。在这些阶段，所有自动驾驶技术的应用只是为了提高人们的驾驶体验，尤其是安全体验。第四级和第五级为无人自动驾驶，即可以将人完全排除在驾驶决策之外，其中第四级为有限场景下的无人驾驶，第五级为无限场景下的无人驾驶。显然，第四级和第五级是真正意义上的无人驾驶。

本文所探讨的无人驾驶是指以人类出行为目的的第四级和第五级汽车自动驾驶。第四级无人驾驶可以在某些特定的场景下较快地实现，但它不会对汽车工业产生颠覆性的改变，这是因为大多数人都不会去买一辆只能在规定道路上或规定区域内行驶的无人驾驶汽车，因为追求自由是人的天性。

要实现无限场景下的无人驾驶，安全即是初衷，也是最大的障碍。我们必须明白汽车是一件非常独特的产品——它量大面广并涉及人们必要的日常出行，而更重要的是它与人的生命安全息息相关。发展无人驾驶技术的首要目的是提高汽车的安全性。由于汽车在驾驶过程中每个场景都不会重复而且复杂多变，例如在高速行驶中稍有差错就有付出生命代价的可能，所以要求无人驾驶技术必须具备类似人类合格驾驶员那样的能够凭意识举一反三的主观能动性。这个主观能动性并不是哲学意义上的主观能动性，而是指无人驾驶技术在遇到任何不熟悉或突发场景时，都能够主动地作出正确的判断和操作，而且可以比人做得更好，从而取得高于人类驾驶的安全性。

在我们目前所处的交通环境中，一辆没有主观能动性的无人驾驶汽车无疑是巨大的安全隐患，有违无人驾驶安全第一的原则。为了降低甚至替代无人驾驶对主观能动性的依赖，人们想象了一种理想化的情景：厘米级别的高精地图覆盖所有汽车可以到达的地方，道路上的每一辆汽车都具备车对车、车对系统的智能互联以避免可能发生的碰撞，具备行人与车分离的客观条件。

在这种情况下，无人驾驶汽车即使不完全具备主观能动性，也能在预定的道路上安全地自动驾驶，犹如今天智能制造工厂中广泛应用的全自动运输机一样。目前某些接近这种条件的应用场景正在出现，以期在较短的时间内实现第四级的有限场景下的无人驾驶。但是，要使所有场景满足这些条件显然是一项涉及整个社会生存空间变革的浩大工程，绝非一家或几家企业和一个产业就能够完成的，在可见的未来几乎不会成为现实。

因此，主观能动性是无人驾驶的必要条件。没有主观能动性的无人驾驶是对科学的不尊重，是对生命的轻视，是对社会的不负责任。

主观能动性条件尚未成熟

如何才能实现主观能动性下的无人驾驶？路径可能有很多，但目前广为采用并被寄予厚望的是人工智能技术。

什么是人工智能？简单地说，就是用人造的机器（比如计算机）来实现人的感知和决策功能。人工智能技术经过半个多世纪的发展，从早期的语言文字处理到今天的图像语音识别，已经有了长足的进步。尤其是近年来，基于机器学习的人工智能技术有了突破性进展，为我们生活的许多方面带来了极大的方便，如医疗、家居、娱乐、制造、服务等。然而，当前的人工智能技术仍然处于初始的阶段，还不具备支撑无人驾驶所需要的主观能动性的能力。

要想了解这一点，我们不妨将人的智能分为三个层次：一是感性；二是理性；三是灵性。感性即通过类似条件反射的方式来获得信息和知识，如被电炉烫了一次后就不会再去触摸电炉了。理性即通过人的逻辑思维来得出知识，如作出如果电源关闭就可以清洗电炉这样的逻辑判断。而灵性则是人在一定的感性和理性思维基础之上的智慧思维，包括人的自我认知、意识、情感以及主观能动性。例如，人可以安全地利用电炉做出各种美味佳肴，激发出无限的愉悦和享受的情感。当然人类这三个智能层次深度关联，相辅相成。灵性智慧思维是人类智能的最高层次。

与人的智能分类相应，人工智能通常可以分为三个级别，即弱人工智能、通用人工智能（也称强人工智能）和超人工智能。弱人工智能是指能在某个特定条件下应用的人工智能，如图像识别和语音识别等。弱人工智能可以实现人类某些具体定义下的逻辑推理，尽管它有时可以达到或超过人的能力（如下棋），但其实它并不真正拥有智能。一旦规则改变，它不会自主演进，即没有意识，不具备主观能动性。通用人工智能是指具有和人几乎同等的智能，包括具有自觉意识、自主演进意识以及主观能动性。而超人工智能则是指将来的一种可能——智能机器或许可以具备超越人类智慧的智能。

在后两个阶段，人工智能既可以成为人类的朋友，也可能成为人类的敌人。所以，许多人工智能专家以及科技推动者早已联名呼吁人们必须警惕人工智能可能为人类带来的灾难，并建立了以安全利用人工智能为宗旨的联盟——未来生命学院。今天，无论媒体对人工智能描绘得多么神奇，无论 IBM 的深蓝（Deep Blue）以及谷歌阿尔法狗（AlphaGo）在和人类对弈过程中如何高奏凯歌，我们都应该清醒地认识到，目前人工智能技术还处于弱人工智能这个初级阶段。

也就是说，今天的人工智能技术仅仅能够实现人类在非常有限条件下的逻辑推理，只能在人类事先设定的算法规律下进行学习。它对人的智慧思维，比如意识、知觉和情感，还无能为力，还不具备主观能动性。不具备主观能动性的弱人工智能在不涉及生命安全的领域中可以大有作为，如智能家居、智能娱乐、智能制造、智能服务等。对自动驾驶而言，弱人工智能技术也能够为辅助自动驾驶级别提供广泛的应用空间，使它真正成为人们安全愉悦驾驶的好帮手。但是，对于无人驾驶来说，弱人工智能技术能提供的应用空间还很有限，尚不能支持无人驾驶所必要的主观能动性的实现。

数字技术的局限

尽管无法证明，但我猜想从弱人工智能走向通用人工智能的主要障碍来自数字计算技术。对通用人工智能来说，数字计算技术可能是一种相对落后的技术。

数字计算本质上是布尔逻辑推理的产物。布尔逻辑推理中最重要的定律是排中律，即所谓的非黑即白，没有中间地带。基于二进制的数字计算机最基本的计算单元比特只有 0 和 1 两种状态，因而在数字计算机中一切信息的表达和运算都是用 0 和 1 来进行的。也就是说，所有信息在数字计算机中都以一种离散的数字形态存在。然而，自然界中的变量几乎都是连续的，人类的思维乃至生命过程更是连续的。当我们用数字计算处理信息得到简明、快速的优越性的同时，付出的却是失去信息连续性这一重大代价。

在很多工程应用领域中，连续变量是可以通过离散变量的大量迭代来趋近的，所以数字化处理在很多工程应用领域中大有可为。尽管如此，目前还没有办法通过数字计算来表达和处理人的意识、自我觉醒意识和主观能动性。至于谷歌的阿尔法狗在围棋博弈中之所以可以打败人类无敌手，乃是因为围棋的规律完全符合布尔逻辑，围棋所有的选项都可以用离散的数字模型完整地表达。

其实，人们早已经认识到布尔逻辑的局限性。半个世纪前提出的模糊逻辑就打破了布尔逻辑零一准则的局限，提出一切皆有可能、只是程度不同的连续思维逻辑，而这种思维逻辑更接近人的思维逻辑。事实上，布尔逻辑只是模糊逻辑的一个理想化特例。在模糊逻辑所依据的连续函数线上，布尔逻辑所处的仅仅是一个点。显然要用离散的一个点的逻辑来准确地模拟人类连续的意识思维几乎是不可能的，所以通用人工智能的实现有赖于对数字时代的超越。

机器学习的真相与困境

无人驾驶控制决策的实现基于两个方面。首先是通过对汽车物理系统、运行机理和运行轨道的建模来实现人类可以准确描述因果关系的控制策略。但是，这种可以准确描述因果关系的控制策略极其有限，不足以满足无人驾驶环境的高度不确定性。因此，近年来机器学习被广泛地应用到无人驾驶技术开发中，以期通过大量的数据学习来提高无人驾驶的感知力和决策能力。业界对机器学习技术寄予了极大的期望。

然而，机器学习很难担负起赋予汽车主观能动性的重任。这是因为无论机器学习的算法如何先进，无论它是卷积神经网络还是迭代神经网络，归根结底它都是通过离散的数字来表达事物之间的关联关系而不是因果关系。让机器学习的最根本目标是希望它能够像人一样从有限的样本中获取通用的机理来识别无限可能的场景。但是，因果关系不明的关联关系数字模型像一个黑箱，难以产生通用的规律和机理。

因此，机器学习所建立的数字模型及其算法缺乏外延生成功能，很难举一反三。尽管人工智能领域已经注意到了机器学习的这个局限并已展开研究，但理论上的突破尚待时日。许多人工智能专家对业界过分夸大机器学习的作用表示出极大的担忧，这样有可能导致其下一个冬天。

尽管对机器学习在无人驾驶中的应用有很高的期待，但是目前基于机器学习的无人驾驶只能从过去学过的数字模型中找出最接近的情景来控制操作，无法像人类驾驶员那样凭丰富的经验和意识而举一反三。在这种情况下，无人驾驶有可能陷入视而不见、感而不知的困境，还有可能具有精神分裂的特征。我们还不能将生命放心地交给这样的无人驾驶。

我相信在数字技术时代，不管计算机芯片的速度如何快速迭代，也无论机器学习算法如何改进，也许也只能推动弱人工智能技术量的改进，很难获得人工智能技术质的飞跃。人工智能的突破还有赖于对生命和物质本身的基本属性的不断深入探索。也就是说，仅依靠机器学习的数字算法很难孕育出无人驾驶所需要的主观能动性。无人驾驶的实现需要依赖数字技术的突破，依赖计算技术本身的革命。在仿生以及量子计算的演进中，我们能够看到无人驾驶的曙光。

商业化之路艰巨而漫长

即使人工智能技术有了质的飞跃从而可以支持无人驾驶所需的主观能动性，它的工程应用开发和商业化还需要经过一个艰巨而漫长的过程。一般来讲，人工智能技术的广泛应用应经过以下几个步骤：一是验证，即证明产品达到设计要求；二是实证，即证明产品达到用户的实用要求；三是网络安全，即提供有效的手段来防止天灾或人为的攻击；四是风险控制，即提供发生重大事故时有效的控制方案。

目前，无人驾驶技术的研发主要还集中在第一阶段，即验证无人驾驶能做什么。第二阶段更重要而挑战更大，因为用户使用的场景几乎是无限的。在这个阶段，不仅要问无人驾驶能做什么，还要问它不能做什么和不应该做什么，要对无人驾驶的安全性做非常严格的验证，包括软件的可靠性、硬件的可靠性以及系统集成的可靠性。

这些验证必须严格遵照业界所公认的工程标准。但是，这些标准目前还没有形成，而且在短期内还很难制定出来。所以，目前没有任何无人驾驶企业能够宣称已经或将要完成无人驾驶的全部验证和实证工作。从汽车构架的角度来看，无人驾驶绝不是在现有的汽车上加上传感器和控制算法那么简单。汽车构架几乎要重新设计，才能满足无人驾驶情况下的安全要求。

比如，汽车的总线布置能否保证日益增多的电器节点之间安全可靠的通信？汽车如何能够随时了解自身的健康状况？软件的更新换代如何保证其安全可靠？网络传输是否安全可靠？因为在无人驾驶的状态下，汽车上任何一个小小的故障就可能造成生命的损失。无人驾驶从样车展示到商业实施有一个极其漫长的工程过程。仅仅从路试一项来看，著名咨询公司兰德的研究报告表明，无人驾驶要做到每行驶 2 亿 7 千英里（约 3.2 亿千米）只有一个伤亡事故才能从统计学上证明它和有人驾驶具有同一级别的安全性。近来有许多关于无人驾驶上路的报道，不管是公交还是出租，不管是送货还是送菜，基本上都只是演示而已。如果缺少踏踏实实的研究和工程开发，过多的演示会产生弊大于利的效果，还有可能将无人驾驶断送在示范的路上。

正因为无人驾驶与生命息息相关，如果没有经过严格的工程验证和实证过程，在短期内任何贸然推出无人驾驶商业化的产品或服务，其结果几乎可以预料：如果不是实际上有人参与的无人驾驶实验，那么以召回为结局的概率非常大。

将汽车辅助驾驶进行到底

在走向无人驾驶的道路上有两条截然不同的路径。一条是以谷歌为代表的一步到位的路径。谷歌的逻辑有它的道理：人机共享的驾驶决策有很大的安全隐患，不如将驾驶全部交给汽车。另一条是以密歇根大学及许多传统汽车公司为代表的循序渐进的路径，即自动驾驶的进步应该从第一级到第五级一步一步地走。这也是密歇根大学将自动驾驶项目称为网联自动汽车，而不是单纯的无人驾驶汽车的原因。

密歇根大学在 2015 年前率先建立了第一个无人驾驶实验街区——Mcity。密歇根大学的机器人学院也在积极推动各级自动驾驶技术的研究开发，并得到福特等企业的大力支持和紧密合作。

汽车产业在致力开发无人驾驶技术的同时，在现阶段仍然应该将主要力量放在智能网联技术在辅助自动驾驶级别的应用上。应该放下焦虑，潜心专注地把智能网联和 ADAS 技术的开发与应用进行到底。

如前所述，尽管弱人工智能技术还不足以支持完全的无人驾驶，但在辅助自动驾驶中大有可为，所以智能驾驶不能只是为了无人驾驶。我相信，传统汽车如通用、福特、上汽、长安，供应商如博世等公司，都在致力开发和应用辅助自动驾驶阶段的智能技术，真正为用户带来丰富美好的驾驶体验，尤其是安全体验。

脚踏实地，砥砺前行

正如一位智者所说，我们了解生活的真相，但我们仍然热爱生活。尽管通向无人驾驶的路上充满了荆棘，尽管它的实现还非常遥远，但我们不能停下脚步。我们满怀希望，只是我们应该认清真相，脚踏实地，砥砺前行。

在通向美好无人驾驶的路上，汽车产业应该注意避免那种你追我赶的大跃进心态，做到对有限资源的合理分配。为避免在同一层次上过多的重复竞争，汽车产业更应该联合起来，走合作、突破、共享的道路。

目前业界推进有限场景下的无人驾驶有其重要的意义，因为这是走向无人驾驶的必经之路。由于无人驾驶从有限场景过渡到无限场景还有很长的路要走，而且其盈利模式还不清晰，资本市场应该给企业尤其是初创企业以更多的耐心和支持。

同时，在无人驾驶技术上的任何突破应该重视其在辅助自动驾驶中的商业应用，第四级无人驾驶的研发成果用在第三级无人驾驶的产品上不失为一种好的策略。

如果产业及资本市场在投入巨资支持无人驾驶技术应用开发的同时，也能大力支持人工智能的基础研究，将会有助于计算机技术和人工智能技术的突破，早日迎来完全无人驾驶的曙光。

图书在版编目（CIP）数据

车轮向前：“汽车城”底特律的文明与变迁 /（美）陈玉宝著. —
北京：中国工人出版社，2023.5
ISBN 978-7-5008-8052-3

Ⅰ. ①车…　Ⅱ. ①陈…　Ⅲ. ①汽车工业－工业史－底特律　Ⅳ. ①F471.264

中国国家版本馆CIP数据核字（2023）第067771号

车轮向前：“汽车城”底特律的文明与变迁

出　版　人　董　宽
责 任 编 辑　习艳群
责 任 校 对　张　彦
责 任 印 制　栾征宇
出 版 发 行　中国工人出版社
地　　　址　北京市东城区鼓楼外大街45号　邮编：100120
网　　　址　http://www.wp-china.com
电　　　话　（010）62005043（总编室）
　　　　　　（010）62005039（印制管理中心）
　　　　　　（010）82027810（职工教育分社）
发 行 热 线　（010）82029051　62383056
经　　　销　各地书店
印　　　刷　天津中印联印务有限公司
开　　　本　710毫米×1000毫米　1/16
印　　　张　15.5
字　　　数　171千字
版　　　次　2023年5月第1版　2024年6月第2次印刷
定　　　价　68.00元